内向型人間が
声と話し方で
ソンしない本

1日5分で成果が出る
共鳴発声法トレーニング

発声診断士
齋藤匡章

青春出版社

こんな経験、
ありませんか？

普通に話しているつもりなのに、「え。なんだって？」と聞き返される
え
なんだって？
……

呼び止めようとしても、気づかれずスルーされる
あの……
お手ふきを……
スーッ

なぜか、「覇気がない」
「元気が足りない」と指摘される
君は……
覇気がない……
ハッキリしゃべっているはずなのに、
電話中、何度も聞き返される
ええとその……
え!? 何ですか?
あの……

もしかして
僕《わたし》
声と話し方
のせいで
ソンしてる……？

はじめに——大丈夫。声と話し方は変えられる

声や話し方で、〝ソン〟している——そう感じたことがある方は、少なくないはずです。

特に、考えることが得意で思慮深い「内向型」と呼ばれる人には多いかもしれません。


「人前で発表したりスピーチしたりするとき、しっかり準備しても、思ったように話せなくて、うまくいかないことが多い」

「やる気はある。でも、声が小さいせいで『元気ないね』なんて言われてしまう」

「会話の途中でよく聞き返されてしまうから、しゃべるのが苦手になってしまった」

……などなど。


いくら〝中身〟がよくても、〝見た目〟である声と話し方がよくないせいでソンをすることは往々にしてあります。

逆に言えば、〝声の大きな人〟たちがトクをすることだって多い。
これって、すごくもったいないことです。

声が相手に与える影響は甚大です。
おそらくあなたが思うよりずっと、声の影響力は大きい。

「好きな人の声が好き」という経験はありますか？　きっとあるでしょう。「苦手な人の声を聞くだけでイライラする」経験は？

言葉は論理を司《つかさど》る言語中枢で処理されますが、声は感情の中枢に作用するので、理屈抜きに好き嫌いの感情を刺激します。

私の専門は心理言語学で、大学院時代から現在に至るまでかれこれ25年間一貫して、「声と言葉が人の意識に与える影響」を研究してきました。

今は言語と発声法の研究機関である言語戦略研究所の所長を任され、7年前から発声指導者養成機関「音色塾《ねいろじゅく》」で全国のボイストレーナーたちを指導したり、声と話し方の講演をおこなったりして、いつの間にか「話し方の先生を教える先生」のような立場になっています。よくもまあ飽きることなくこの分野に関わり、研究しているものだと自分でも呆れるほどです。なにせ四半世紀ですから。

それくらい、「声と言葉」はおもしろいのです。ことにコミュニケーションに関わる声と言葉の重要性は、ますます高まり続けていると実感しています。

そう、声は私たちの人生を左右します。

声の好き嫌いと、人そのものの好き嫌いが一致するくらいなのだから、声があなたの人生に及ぼす影響をもっともっと重視していい。

「お任せください」とバシッと充実した声で返事をして信頼を得るべき場面で、弱々しくこもった声では不信感を抱かせてしまいます。声のせいで印象が悪くなれば、相手の反応も思わしくない。

「ああ、また声で失敗した」とまた落ち込むでしょう。その結果、自信を持って話せなくなり、人間関係が億劫《おっくう》になり、ついには「自分は恵まれていない」と思い込むほど何もかもうまくいかなくなり、声がなおさら暗く弱くなり――という「負のループ」にはまってしまいます。

でも、大丈夫。この悩みはすべて解消します。

なぜなら、「**声は発声法で変えられる**」からです。

声は、一瞬で変えられる

「声は生まれつき決まっていて、変えられないのでは？」と質問されることがあります。

もちろん、変えられます。変えられるどころか、変えないともったいない。


実際、変えようと思えば、声は一瞬で変わります。「そんなバカな」と思いますか？

では、「声が変わる体験」を味わってみましょう。

まずは、「あ〜」と無造作に伸ばしてみてください。いつものあなたの声です。芯がなく弱々しく聞こえるかもしれません。

次に、伸ばしながらあくびをします。

喉《のど》の奥のほうが広がると同時に、声に深まりが出たら、成功です。もしかしたら、奥にこもったような声になってしまったかもしれません。それでも変化には違いない。咽頭腔《いんとうくう》が広がって喉があいた声です。

無造作に「あ〜」と伸ばした声は、「まだ変わっていない声」。

伸ばしながらあくびをした瞬間の声は、「変わった声」。

ということは、声を変えるのに0・5秒もかかっていない、ということです。

このように、「一生変えられない」と思われがちな声は、変えようと思えば一瞬で変えることができるのです。

「共鳴発声法」なら、一生役立つ声が手に入る

ただ、短期間で手に入るものには、それなりの価値しかありません。なにより、すぐに元に戻ってしまう。

それでは、意味がないと思いますか？　そんなことはありません。**「正しい方法」でトレーニングを行えば、1日5分を1カ月ほど続けるだけで、一生涯、あなたの資産となってメリットをもたらしてくれる「声」が身につきます。**

その正しい方法こそ、私がこの本でお伝えする「共鳴発声法」のレッスンです。

仕事で声を多用するプロだけでなく、大勢が身につけて人生を好転させてきた発声法で

すから、難しくはありません。

イタリアの伝統的な発声法「ベルカント」に基づいて、**「話し声をよくする」目的に合うよう体系化されたこの共鳴発声法は、日本発声協会により「話し声の発声法」として唯一正式に採用されています。**

特徴は、

1　共鳴の技術を利用して、無理なく楽に「届く声」が出せる

2　日本語の自然な発声・発音に適している

3　明瞭で、聞き手を心地よくさせる声が出せる

簡単に言えば、**「がんばって声を出そうとしなくても、ちゃんと相手に届く声が出せるようになる」**ということ。

冒頭のマンガで登場した悩みをもう一度眺めてみてください。

会話中に聞き返されたり、呼んでも気づいてもらえなかったり、といった状況は、「がんばらなくても届く声」が身についたら、すべて改善するのではありませんか?

誰でも発声法を変えるだけで声が変わるのに、今のままの声を続けて、「何度も聞き返される」「呼んでも気づいてもらえない」「大きな声を出せと叱られる」現状に甘んじているのは、本当にもったいない。

声が変われば、仕事で、恋愛で、人間関係で、あなたが抱えている悩みがきっと解消します。

声が変わると話し方が変わり、話し方が変わると人生が変わる

声が変わると、話し方全体が変わります。

「話し方」には声が含まれるので、「声が変われば話し方が変わる」のは当然ですが、「話し方」にはもっと多くの要素があります。

話題の選び方、相づちのタイミングや種類、表情やジェスチャー、間《ま》の取り方、言葉の選び方などです。

声が変わると、そういった「声以外」の要素にまで影響が及び、コミュニケーションまで改善されていきます。

たとえば、コミュニケーションに対する姿勢。

内向型で引っ込み思案になっていた人も、声が楽に届くようになると、積極的にコミュニケーションを取るようになります。今までは黙ったまま声を発しなかったタイミングで、ちょっと一言かけるようになったりする。

声に対する自信が、コミュニケーションへの自信につながるからだと考えられます。

かつてはただ押し黙って相手の話を聞いていて、「何を考えているのか分からないヤツ」なんて思われたかもしれない場面で、気持ちいい相づちを打つようになる。

消極的にボソッと「あ、はい……それでいいです」と答えてしまっていた場面で、力強く同意できるようになる。

声が確実に届くと分かれば前向きな気持ちになるので、表情も変わります。今までどこかおどおどしたふうに見られがちだったのが、背中を伸ばして堂々と話せるようになる。

意外に思うかもしれませんが、間の取り方も変わります。上手な話し方のポイントに「間の取り方」がありますが、たぶん多くの人はこのポイントを知っているでしょう。

知っていながら上手に間をおけないのは、自信がないからです。「自分の話に相手が同意してくれているか、反対されたらどうしようか、説明し切れていない部分があるから疑問を抱かせているんだ、もっとちゃんと説明しないと――」などと考えすぎてしまうから、適切な間が確保できず、急かされるようにしゃべり続けてしまうのです。
分かります。私もかつてはそうでしたから。

内向型の人がソンをしないために必要なのは、コミュニケーションに対する「自信」です。

自信は話し方だけでなく、あなたの印象まで変えます。

自分の声が確実に相手に届き、しかも説得力も感じさせると実感できれば、心理状態が変わります。かつては控えめに、「私なんかぜんぜんダメなので」という雰囲気で話していた人が、自信を持って意見を言い、提案を出し、場に対する影響力を発揮できるようになる。

「うまくやれるはず」という、心理学でいう「自己効力感」が高まるからです。

見た目も堂々として、信頼感がますます高まります。

自信は高いパフォーマンスにつながります。せっかくの実力をしっかり発揮できるかどうか、実力以上の能力を見せるかどうかは、「自信があるかどうか」で決まるのです。

ところが、「自信を持って」と言われても内向的なタイプにとってはどうしたらいいか分からず、困ってしまうでしょう。自信が持てればうまくいくのかもしれないが、うまくいっていないから自信が持てないのだ、と。

声を変えれば、自信は「当然の結果」として手に入ります。

しかも、話し声は毎日必ず、四六時中ずっと自分の耳で聞いているものなので、毎日使う道具がグレードアップしたのと同じような満足感が得られます。

誰にでも、仕事でハードに使う大事な道具があるでしょう。パソコンかもしれないし、スーツかもしれない。カメラマンならカメラでしょう。眼鏡も大事な道具かもしれませんね。

でもたいてい、「そこまでお金をかけられない」という金銭的な理由で、最高峰モデルを使ってはいない。

その道具が最高級品になったら、仕事がちょっと楽しくなるのではありませんか？ 自信が持てて腕前まで上がったりして。

ボディービルダーは「服を脱ぐたびに、自分に自信が持てる」そうですが、声なら服を脱がなくても自信が持てます。

なにしろ共鳴発声法という声の最高級品が、あなたのモノになるのですから。

いい声と話し方という「最高の道具」を、この本でぜひ手に入れてください。

もくじ

内向型人間が声と話し方でソンしない本
1日5分で成果が出る共鳴発声法トレーニング

CHAPTER 1
声が変わると、話し方が変わり、そして人生が変わる

CHAPTER 2

誰でも声を変えられる「共鳴発声法」とは？

CHAPTER 3

1日5分で「届く声」を手に入れるトレーニング

CHAPTER 4

これで完ぺき！「お悩み別」ボイス・カウンセリング

CHAPTER 5

届く声を活かす「話し方」にはコツがある

「生レッスン」音声データの使い方

本書では、まるで目の前でレッスンを受けているかのように、ボイストレーニングができるよう、著者による2種類のレッスン音源を用意しました。CHAPTER 3のトレーニングまで読み進めたら、ぜひ音声を聴きながら練習してみましょう。

①まるごとレッスン音声

レッスン全体を音声で収録したデータです。初めての方は、この音声を聴きながら、レッスンに臨みましょう。著者の肉声なので、発声の細かな部分までしっかり理解できるはずです。

②集中トレーニング音声

本書で紹介するトレーニングは、何度も繰り返すことで身につくものです。なので、2回目以降に必要なところだけ聴きなおせるよう、発声トレーニング部分だけを抜粋した音声データも用意しました。

音声データは下記よりダウンロードできます

■ **ダウンロード先URL**
http://www.seishun.co.jp/topics/17974/

CHAPTER 1

声が変わると、話し方が変わり、そして人生が変わる

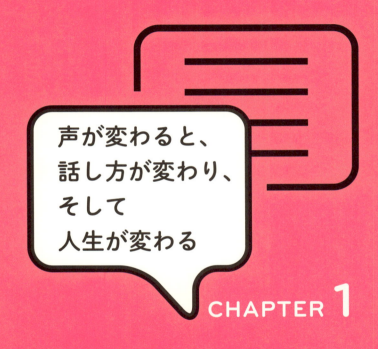

01

人は「見た目」が9割。そして見た目は「声」が決める？

『人は見た目が9割』という本がベストセラーになったことがありました。

タイトルだけ見てショックを受けたり、「やっぱりそうなの？」とガッカリしたりした人も多いと聞きます。

それどころか、タイトルに反発してか、話題にはしても読みはしなかった、という人がまわりに何人もいた、とも聞きました。

でも内容も知らずに反発して、いいものを手に入れ損ねたらもったいない。タイトルの根拠を知れば、「見た目が9割」にもきっと納得できるでしょう。

このタイトルは、米国の心理学者アルバート・メラビアン博士による、「人の第一印象の55％が外見、38％が声、7％が話の内容で決まる」という説、いわゆる「メラビアンの法則」を根拠にしています。

「えっ、だったら見た目は9割ではなく55％なのでは？」と思ったでしょう。

人の印象を決める要素

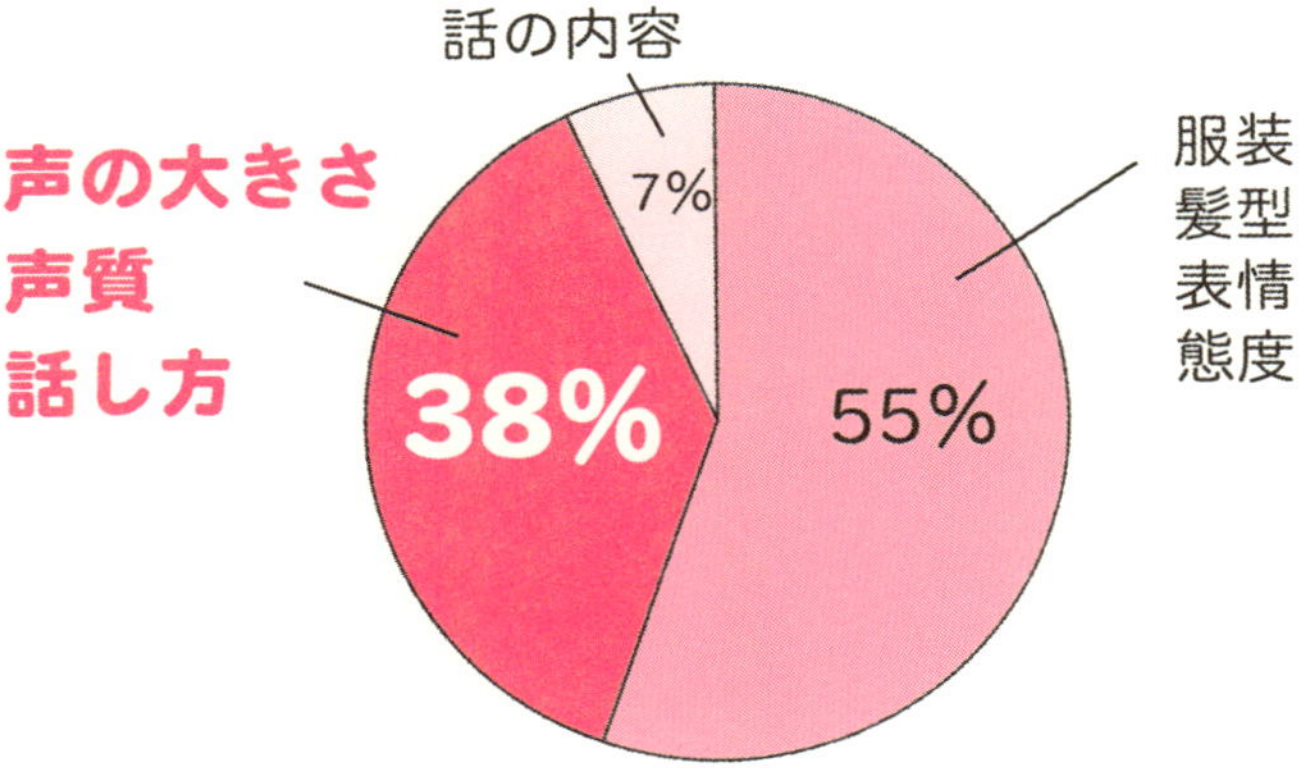

そうなんです。つまり、タイトルの趣旨は、「**どんなにいい話をしたとしても、内容が与える印象はわずか7%、つまり1割にも満たない。残りの9割は外見や話し方（声を含む）で決まる**」ということなのです。

そう説明されたら、「見た目がすべてなの!?」なんてショックを受けることもなく、「まあそんなものかもしれない」と思えるのではありませんか？

大事な商談があるなら声をチェック

ここで注目したいのは、「声」の影響の大きさです。

これから大事な商談、失敗できないデートがあるなら、声をチェックしてから出かけましょう。

プレゼン資料やセールストーク（内容なので7％）より、あなたの第一印象を左右するのですから。

見た目は誰でも気にします。大事な商談にジーパンとTシャツで顔を出す人はいない。ビーチサンダルでペタペタ歩いていく人もいない。

仏頂面《ぶっちょうづら》より笑顔のほうが感じがいいと知っているから、「真剣な顔か、笑顔のどちらか」で話すはずです。

しかし、「声」そのものに気を配っていますか？

今出した自分の声が、どんなふうに相手に聞こえたか、気にしていますか？

・声が高すぎたり低すぎたりしなかったか

・声量は適切か。相手の聴覚に負担を強いていないか

・そんなつもりはないのに、不満を含んだ声になっていなかったか

・もっとやわらかく、温かみのある声にならないか

といったことを、ジーパンとTシャツやビーチサンダルと同様に気にする価値がありま す。

なにしろ、印象の約4割は声で決まるのですから。

「見た目は55％だから、声より見た目のほうが大事では？」と思いますか？

確かに、第一印象に関しては見た目の割合が最も大きい。

しかし、2回目以降は急速に影響力が低下していきます。

「見た目は慣れる」からです。

「美人は三日で飽きる。不美人は三日で慣れる」などという言葉もありますが、視覚刺激に順応しやすいのは確かです。

「美人だからという理由で結婚した」ケースはたまにあっても、「不美人だからという理由で離婚した」ケースはないのだそうです。

確かに、初回にビーチサンダルで現れた相手に衝撃を受けたとして、2回目以降は「そういう人なんだ」とあきらめがつきますね。会うたびに見た目で評価が下がり続けることはない。

ところが、声（聴覚刺激）は、飽きないし、慣れない。

好きな音楽を何百回でも飽きずに聴くのは、聴覚刺激だからです。数百年にわたって聴き継がれている古典歌曲などは、まさに「声は飽きない」証拠ですね。

私も体験的によく分かります。どんな名画だって、何十回も見慣れていながら見るたびに「おお！」と歓喜の声を上げ続けることはありませんが、ドヴォルザークの交響曲第9番『新世界より』の第4楽章で金管楽器がパーンパンパンパーンパパーンと鳴るところなんて、何百回聴いても必ずゾクッときます。

しかし、いいことばかりではありません。「声は慣れない」ほうも重要です。

変な声を出していたら、「2回目からは慣れた」とはなかなか感じてくれない。変な口癖はずっと気に障るし、変な発声にはずっと違和感を覚える。

だから、長期的にいい関係を築きたいのであれば、顔や髪型を変えるより、声と話し方を気にするのが効果的なのです。

中でも、**「届く声」は重要**です。

まったく同じことを話していても、しっかり届く声で話すのと、通りのよくない声で話すのとでは、印象も信頼度も違います。

あなたがこの文章を読んでいるということは、声の影響力や重要性に気づいているか、声に関心を持ち始めている、ということですね。

その姿勢は実に正しい……と発声指導者として声を大にして言いたい。

約4割ですよ。声のトレーニングをしないのは、4割をあきらめる、ということです。

4割ぐらいかまわない、と思いますか？

想像してみてください。髪をちゃんとセットしてから、4割をぐちゃぐちゃに崩したら、「どうしたんですか、その髪」と心配されるでしょう。

4割のぐちゃぐちゃで、全体が台無しですよね。

皮膚の2割を火傷《やけど》したら、命に関わるそうです。4割だったら……想像するだけでも恐ろしい。

ビジネスでも恋愛でも、印象の4割を決める部分は「全体を決める」と言えるでしょう。

身だしなみを整え、魅力的な提案も完璧に用意したのに、声のせいで破談になるのは本当にもったいない。

ちょっと怖い話になるかもしれませんが、人に好かれるかどうかは、声で決まってしまうのです。

02 どれだけ見た目を変えても、声だけはウソがつけない

「従業員の人柄は声で分かる」とある社長は言った

会社経営の手腕で私が尊敬する社長が、こんな話をしていました。

「従業員は人柄で選ぶ」。学歴でも職歴でも年齢でも資格でも顔でもなく、人柄で人事を決めて成功していると言います。

なぜなら、「素直な働き者が一番伸びるから」。

スタート時の能力に差があっても、「素直な働き者タイプ」は必ず追いつき、追い越します。人柄がいいので、周囲の人々も協力的になり、場の雰囲気もよくなります。

では、どうやって人柄を見極めるのか。

「簡単ですよ。話せば分かります。人柄は声で分かる」

声の専門家としても、全面的に同意できる意見です。なぜなら、声はごまかしが利かないからです。

言葉ではウソがつけますが、声はウソがつけません。感情が顔に出るよりもっとダイレクトに、感情は声に乗るのです。

言語情報と違って、音声に含まれる情報（声の成分）は、意図的に加工するのが難しい。顔は美容整形で変えられても、声に乗る感情の情報はコントロールできません。

たとえば、戸棚に隠してあった饅頭《まんじゅう》を食べておきながら「食べてない」と言葉でウソをつくのは、言語情報の置き換えだから簡単です。

しかし、「食べてない」という台詞《せりふ》に含まれる周波数成分をコントロールして、ウソの真実味を高めようとするのは、たいへん難しい。

「バレたら殺される」と怯《おび》えて本気でごまかそうとすればするほど、声にはウソっぽい不自然な成分が強く含まれてしまいます。

声でごまかすのは難しいと分かるから、言葉で埋め合わせようとして、妙に饒舌《じょうぜつ》になったり、余計な言葉を発したりしがちでしょう。

本当に食べていなければ「いや、食べてない」で済むところを、

「え、いや、た、食べてないけど。なんで？　どこにあったの？」

と明らかに余計な言葉が加わったり、

「いや、食べてないっていうか、食べるわけないいじゃん。おれ温泉饅頭嫌いだし」「ちょっと、なんで温泉饅頭って分かったの!?」

と墓穴を掘ったり。

人は、言葉より声のほうを真実として受け取る

このような「言葉と声の関係」を私たちは無意識のうちに分かっているので、**言葉の意味と、声から伝わるメッセージが食い違った場合、声のほうを真実として受け取ります。**

プレゼントを受け取った相手が「うれしい！　ありがとう！」と言葉では言っても、声の調子がウキウキしていなかったら、「あまりうれしくないのだな」と判断するでしょう。

メラビアンの法則のとおりですね。言葉の内容より、声の調子のほうが、5・4倍も饒舌です。

しかも、言葉と声が食い違うほど、信用ならない相手と思われ、声の発するメッセージに耳を澄まして警戒されるようになります。

「今の、ウソじゃない？」と、口に出さないまでも相手が頻繁に思っているとしたら、どうですか？ 緊張感が強すぎて、付き合うのがつらいでしょう。

「日本人は何を考えているのか本心が分かりづらい」と欧米人から言われてしまうのは、声の力が弱いせいです。

言葉は発しても、言葉と同じメッセージが声に伴わないから、「本気なのか分からない。東洋の神秘だ」と不気味がられる。

「神秘」なんて言ったら褒め言葉のようにも聞こえますが、そして事実、「東洋の神秘」が好きで瞑想や忍者をもてはやす西洋人も一部にはいますが、なんのことはない、言葉とマッチしていない声でボソボソとつぶやくから、「よく分からない不気味なヤツ」と思われているだけの話です。

発声トレーニングで声のコントロールを覚えよう

発声トレーニングによって発声技術を高め、「言声一致《げんせいいっち》」を目指しましょう。

言葉を使うなら、その言葉にふさわしい声、意図に合う声を出す、ということです。

そのためには、発声技術が必要です。

技術が拙《つたな》いと、技術が本心を裏切ります。

声が言葉を裏切るのです。

バッターとの駆け引きをやめて、素直にストライクゾーンど真ん中に直球を投げ込もうとしているのに、投球コントロールが下手で外れてしまうようなもの。

もはや何が本心だか分からなくなりますね。

誠心誠意本音で伝えているつもりなのに、「ねえ、本気でそう思ってないでしょ」なんて返されて困惑するようなもので、もうどうしたらいいか分からない。

本気で最高の喜びを伝えて感謝したいのに、技術がついてこないから白々しい喜び方で終わってしまう。

発声法をしっかりマスターして、言葉を裏切らない声の技術を身につけましょう。

03 本当に「いい声」とは、どんな声？

人を動かすのは、「通る」より「届く」声

声の良し悪しを測る基準として客観的に分かりやすいのが「通る」という性質です。聞き手に尋ねてみれば、ちゃんと聞こえたかどうかの答えがすぐに得られます。

ただし、「通る」よりさらに重視されるのが「届く」ということ。

「通る」と「届く」はどう違うのでしょうか。

キャッチボールを考えると分かりやすい。

5m先の相手にボールを投げるとします。

「通る声」の感覚は、「5m離れているなら、10mぐらいを意識して投げれば確実だろう」と考えて、思いっ切り投げる。相手が捕らなければ10m先まで飛んでいくボールですが、キャッチボールなのでがんばって飛びついて捕球してくれるでしょう。「声が聞こえればいい」という感覚ですね。

それに対して**「届く声」の感覚は、「5m離れている相手の胸元にちょうどよく届く、捕りやすいボールを投げよう」と考えて、強さを加減したり、必要なら下手投げで投げたりする。**つまり「ちょうどよく聞こえる声」を出そうとする姿勢です。

コミュニケーションでは、必ずしも大は小を兼ねません。何事もそうかもしれませんね。小学生にお年玉をあげるとして、千円より1万円のほうが喜ぶかもしれませんが、だったら100万円あげればもっと喜ぶかといえば、たぶんろくなことにならない。

「ちょうどいい」には「大人の手加減」が必要です。

声の「ちょうどいい」は、少し騒がしい場所で店員さんを呼ぶような場面で、差が出ます。

ほかのお客さんが全員注目するような、異様に声高に張り上げた声で店員さんを呼ぶオ

「通る声」だと、ときには迷惑

「届く声」こそ、相手に響く

ジサンがいますね。「ちょうどよく届く」という感覚が希薄で、「聞こえりゃいいだろう」という方針で声を出しているから、相手との距離や周囲のお客さんなどおかまいなし。ほかのお客さん全員が注目するような声です。

しかも、一般にそのような声を称して「通る声」と呼ぶケースが多いように思われます。

ほかにも、やかましいキンキン声や、ドスの利いたようなうなり声、張りのある野太い声が「通る声」と呼ばれることがありますが、**「いい声」という意味での「通る声」は、「ちょうどよく届く、充実した声」です。**

発声の技術的な言い方をするなら、お腹での支えが利いていて、共鳴コントロールができている声です。

それが今からあなたに身につけていただく、本物の「通る声」、つまり「ちょうどよく届く声」を出す技術です。

届く声のメリット、ただ通る声のデメリット

先日、こんな悩みを聞きました。

出張先のホテルのラウンジで仕事の打ち合わせをすることが多いのだそうです。

無関係な人たちが出入りしているラウンジを打ち合わせに利用するくらいなので、ほかの利用客に聞かれて困るような機密を扱うわけではありません。

とはいえ、進んで聞かせたいわけでもない。

特に社名や人名が登場するような場合、「場所を移すまでの機密性はないが、できればあまり大きい声では言いたくない」。

そんなとき、周囲にビンビン響く「過剰に通る声」でかまわず話し続ける人もいれば、「私にはちゃんと聞こえるが、隣のテーブルには聞こえていないだろう」という発声に切り替える人もいる。

後者タイプは安心して仕事ができ、次回も仕事を頼みたくなるのだそうです。

「いや、ここだけの話」と前置きしながら、周囲の全員に聞こえる声を出されると、「この会社、大丈夫か?」と不安になるという。

声ひとつで仕事を失うかもしれない、と考えると、怖いですね。

声は、通ればいいわけではありません。「ちょうどよく届く」という、本当の「いい声」を身につけましょう。

04

できる人は、「相手目線の声」を使い分けている

話し方ひとつで、「生きやすさ」は変わる

好かれるか嫌われるか、他者からの評価が高いか低いか、人から認めてもらえるか認めてもらえないかは、社会的動物である私たちにとって、生きるか死ぬかの問題でした。

大げさな言い方に聞こえるかもしれませんが、他人に受け入れてもらえなければ、居場所がないのが私たちです。

今でも地域によっては残っているらしい「村八分」という慣習が恐怖の私的制裁となったり、仲間はずれだけで陰湿ないじめとなったりするのは、社会に受け入れられてこそ生きていられるという事実をDNAレベルで熟知しているからでしょう。

社会性があり、コミュニケーションによって居場所を確保しようと努力した個体のみが

生き残ってきた、ともいえるかもしれません。

「別にみんなに好かれようとは思わない」と強がる人はいるし、その方針は心理学的に見ても賢明だと思いますが、「世の中の全員に嫌われてもかまわない」と本気で思う人はいないでしょう。

声のせいで好かれたり嫌われたりするとしたら、「声は生きる力」とも言えます。

話し方のせいで、生きやすくなったり、生きづらくなったりするわけです。

「生きづらさ」を感じて悩んでいる人には、発声と話し方のトレーニングを推奨しています。

適応力は、結局「声の柔軟性」で決まる

社会的動物にとって、他者から好かれたり、高く評価されたり、認めてもらえたりする能力は、「生き残るために必要な能力」だったと言えます。

人間ほど社会性が高くない動物の場合、「環境に適応する能力」が生き残るために必要な力でした。

恐竜の餌食《えじき》になっていたネズミや、そのネズミに簡単に捕食されていた昆虫が、恐竜が生き残れなかった危機を生き延びたのは、環境に適応する能力が恐竜よりも高かったから。

「25℃以外の気温は不快だ」「この餌しか喉を通らない」とストライクゾーンを狭めることなく、気温の変化に応じて自分の毛並みを変えたり、今まで食べ慣れていた餌が乏しくなれば、食べつけない硬い木の実にも挑戦したりといった柔軟性が、環境適応能力です。

社会に適応したい私たちにとって、環境適応能力は「声」です。社会という他者との関わりに適応するには、声の能力が問われます。

特に必要なのは、「柔軟性のある充実した声」。

まるでどんな鍵穴にも合う鍵のごとく、どんな相手にも合う柔軟性を持ち、しかも目的を達することのできる「声の基本性能」が高い声です。

「相手目線の声」「相手にちょうどいい声」が、大事なのです。

05

声が変わると、なぜ「ブレない自信」まで得られるのか？

「自己効力感」を高める声とは？

成功の秘訣は「できるという確信」なのだそうです。

陸上の短距離走で、人類が初めて100mを10秒で走った直後のことを知っていますか？

「10秒の壁」(10-second barrier)と言われ、人類が今の体の構造のまま、地球の重力の影響下で、100mを10秒以内で走るのは不可能と思われていました。

実際、ずっと不可能だった。

ところが、米国の短距離選手ジム・ハインズがその壁をひょいっと越えてしまった。

その直後、「人類は100mを10秒以内で走れるんだ」と信念が書き換えられた途端、10

秒を切るアスリートが次々に誕生したのです。

「できると思っている人にはできるし、できないと思っている人にはできない」

これが真実です。「自信があれば、何でもできる」ということですね。

「自信過剰な図々しい人にはなりたくない」と謙虚なあなたは思うかもしれませんが、その控えめな気持ちが成功を遠ざけているとしたら、じつにもったいない。

人とのコミュニケーションに自信が持てたら、人間関係がうまくいき、仕事も順調に運ぶとしたら、「どうすれば自信が持てるのか」を知っておいてもソンはないでしょう。

自信がほしいなら、手に入れたいのは「届く声」です。

想像してみてください。どんな状況でもスパッと気持ちよく届く声が出せるようになれば、確かに今よりずっと自信が持てるのではありませんか?

自信は、ただ持てと言われて持てるものではありません。話に耳を傾けてくれて、尊重してくれている、と確信できると、自信が持てます。

「聞き返される」のは、話を聞こうとしている証拠であるという見方もできますが、実際は「会話が成り立っていれば、聞き返されない」ものです。

誰かに最初に話しかけたタイミングは最も「えっ?」と聞き返されやすいのですが、会話が始まればそれ以降は何度も聞き返されません。

会話が始まったのに何度も何度も聞き返されたら、「耳を傾けようとしてくれていない」と感じるでしょう。

つまりは「耳を傾ける価値がない」と評価を下されているかのように感じてしまう。

だから、声が届けば自信が持てるのです。心理学的にいうと自己肯定感、自己重要感が強まるわけです。

また、「えっ？」「なに？」「もう一回言って」と繰り返されるのは会話が成立していない状況ですから、一発で声を届ける自信があれば会話の成立に関して「自己効力感」（自分ならできる、という感覚）が持てます。

声が届くか届かないかによって、人との関わり方がずいぶん違ってきそうですね。

痛々しくて恥ずかしい声では逆効果

ただし、問題もあります。

スパッと届いたその声が、「変な声」だったらどうですか。

発声法を使わずに、がんばって張り上げた声は、「痛々しい声」になります。

きっとあなたも経験があるでしょう。賑やかなカフェで「すみません！」と店員さんを呼ぶとき、寿司屋で「中トロください！」と注文するとき、がんばって張り上げた自分の声が、なんだか痛々しい感じに聞こえた経験が。

自分の声に、なんだか気恥ずかしい思いがしたのではありませんか？　そのような声では、自信がつくどころか逆効果でしょう。

なぜ痛々しい、恥ずかしい声になってしまうのか？

「届く声」は、声の大きさではなく、周波数成分で決まるのに、大きさによって無理やり通そうとしたからです。

発声法を変えて周波数成分を調整しなければいけなかったのに、成分が変わらないまま音圧だけ高まったので、生っぽくて剥き出しの、無防備な感じの声になってしまったのです。

発声は、気合ではなく、技術です。

共鳴発声法は、「声の響き」を大切にします。「届けばいい」ではなく、「届くのは当たり前」で、さらに「響きにも自信が持てる声」を出す技術が、共鳴発声法です。

06

体は楽器。声は音。大事なのは「演奏技術」

「声は変えられますか？」「もちろんです」

「声は生まれつき決まっているのでしょうか？」

「声は変えられますか？」

といった質問をいただくことがあります。

答えは「変えられる」ですが、この質問には複数の観点から答えることができます。

発声の専門家からすると、「むしろなぜ声を変えられないと思うのか」と不思議に思うのは、「体は楽器」という視点があるからです。

「体は楽器」という話をしましょう。

発声は楽器の演奏

発声は、楽器の演奏に喩《たと》えられます。

バイオリンを手にして演奏をするのと同じように、自分の体を使って発声をするわけです。

声帯や咽頭や舌や口腔など、広い意味での発声器官を駆使して、私たちは「演奏」をしていると言えます。

馴染みのある楽器と比較してみてください。ピアノでもアコーディオンでも、リコーダーでもいい。

あなたの体——厳密には発声器官——が楽器であり、「発声」という行為がすなわち「演奏」に相当します。

だとしたら、**「声って、生まれつき決まっていて、変えられないんですよね」という認識は、「バイオリンの練習をしても、出る音は変わらないんですよね」と信じ込んでいるのと同じことになる。**

そんなわけがないですよね。まったく同じ楽器を使っても、素人と一流のバイオリニストではまったく違う音を出す。

技術が違うからです。言い換えれば、楽器の使い方が違うから。

私はピアノの素人なので、恥ずかしながら「ピアノは鍵盤を叩けば誰でも同じ音が出るのだろう」と思っていた頃がありました。

ところが、あるピアニストの方から「ポーンと出した音を聴くだけで、ピアノの腕前がわかる」という話を聞いて、勘違いを知りました。

バイオリンは、分かりやすいんですよね。うまい人と下手な人の違いが音に出やすい。

ピアノは、繊細で分かりにくいけれど、たった一音鳴らしただけでぜんぜん違う音が出ている。

それはそうですよね。私が鍵盤を叩くのと、世界的ピアニストの中村紘子さんが同じ鍵盤を押すのとで、同じ音が出ると思うほうがむしろどうかしている。

まったく同じ楽器でも、扱い方によって出る音が違うのは、これはもう、演奏家にとっては当たり前の話なんですよね。

私にとっては「目からうろこ」だったのに、プロのピアニストに聞いたら「何を今さら」

と笑われました。

「自分」という楽器を活かすために

声もまったく同じです。発声技術が変われば声が変わらないわけがありません。声優はトレーニングなしでいい声を出していると思いますか？　歌手はボイストレーニングなしで今の声を手に入れたと思いますか？

もっとも、発声法を身につけようがつけまいが、あなたの声はやはりあなたの声です。ジャイアンの声がしずかちゃんの声になるわけではない。

なったとしたら、それはもはや、声色《こわいろ》です。物まねの芸です。物まねがしたいなら、ここではなく物まねタレントのコロッケさんに弟子入りしてください。

しかし、あなたの望みは物まねではなく、「自分の声をよくする」ことでしょう。だとしたら、**世界に一つしかないあなただけの楽器で最高の演奏ができるように、発声法を学びましょう。**

そう、ここが唯一、楽器と違うところです。楽器は買い替えが利きますが、発声器官は交換できません。

「名器ストラディバリウスみたいな発声器官に交換したい」と言われても、外科手術でも無理です。

だとしたら、あなただけのその発声器官を大切にして、その楽器で出せる最高の声を出す技術を会得しましょう。

07

誰でも「自分らしい届く声」を手に入れられる

発声器官は、育つ

発声では、体が楽器です。

あなたの発声器官が仮にそのまま変化しなくても、技術――発声法――が変われば、出る声は変わります。

楽器と違って、あなたの発声器官を演奏できるのはあなただけですが、発声技術はトレーニングによって日々変化できます。

従来のやり方で無造作に出した声と、熟練の共鳴発声法で出した声では、深みも艶《つや》も色も、すべてが違う。

私が鳴らしたピアノの一音はうるさいだけですが、中村紘子さんの一音は、泣ける。ところで、「楽器は育つ」そうです。バイオリンを上手な人が弾き込むと、音のいい楽器になっていく。

「バイオリンは木でできているから、確かに変わりそうだなあ」「だとしたら、ピアノも少しは変わりそうだ」なんて思っていたら、木を使っていないアコーディオンも変わるのだとアコーディオン奏者が話してくれました。

アコーディオンには金属製のリードが数百枚入っていて、しっかり音を鳴らすと、リードの金属が分子レベルで影響を受けるから、音質が変化するのではないか、という話でした。

演奏しないで放置しておいた楽器は、不思議なくらいにぜんぜん鳴らなくなってしまうのだそう。

木や金属でできた楽器ですら、変化するのです。まして生きた肉体である発声器官は、なおさら大きく変化します。

発声は、筋肉運動です。発声トレーニングは、発声器官の筋トレです。「筋トレをしても体が変わらない」とは誰も思わないでしょう。発声トレーニングをすれば、発声器官が変わります。だから声が変わらない「わけがない」のです。

発声器官は発声トレーニングによって育ちます。

発声を習い始める前のあなたと、この本を読んで実際に声を出し始めたあなたとでは、もはや違う楽器といえる。

出る声が違うのは当然です。

発声法は、「あなたの声」をチューンナップする

アナウンサーがニュースを読むのを聞いて、どのアナウンサーの声もなんとなく似ているように感じたことはありませんか?

私は子供の頃、NHKのニュースの冒頭で「7時のニュースです」「9時のニュースです」と話すニュースキャスターの声が、みんなそっくりに聞こえて仕方ありませんでした。

もちろん厳密にはみんな一人ひとり違う声で、異なる癖があるのですが、どことなく統一感がある。

それは、みんなが発声トレーニングをしているからです。

発声法を学べば、あなたの声も変わります。しかも、大人のあなたがアナウンサーの声を聞いてちゃんと区別できるように、**発声法を習って声を変えたとしても、完全にみんなが同じになるわけではなく、ちゃんと個性は残ります。**

たまに「発声法なんか使ったら、みんな同じ声になって個性がなくなるから、自然なまま話す」と主張する方がいますが、楽器に喩えるとおかしさが分かるでしょう。

「先生についてバイオリンを習ったら、ほかのバイオリニストと同じ弾き方になって個性がなくなるから、私は自己流で弾く」と言っているのと同じ。何年経っても演奏には期待できないし、「個性がなくなる」という主張はナンセンスです。

「訓練によってなくなる個性など、個性ではない」と豪語したのは誰だったでしょうか、まったくそのとおりですね。あなたの個性は発声トレーニングによってなくなりはしません。

新人アナウンサーや声優が「個性がなくなるのはイヤなので、発声練習はしません」とトレーニングを拒否したら、「やる気がないなら辞めたら？」と退職を促されるでしょう。

プロの俳優や声優なら、発声練習は一日たりとも欠かしません。それでも、「みんな同じ声」にはなりませんよね。みんなそれぞれに声が違う。

発声法によって、大事なポイントは共通しています。喉がしっかりあいていたり、横隔膜《おうかくまく》を使った呼吸をしたりといった点では、プロならみんな共通しています。

そうやって基本を押さえながら、自分だけの楽器を育てていくのです。

08 「届く声」は、周りの人間にまで好影響を与える

発声法を覚えて声が変わると、人生が好転します。

もともと声に自信がなくコミュニケーションに奥手だった方なら、劇的な変化を体験するでしょう。発声を身につけた結果、職場で評価が高まったり、営業成績が伸びたり、活躍の場が広がったり、発声を指導する仕事に就いたりと、みなさん人生が大きく変わっています。

特にコミュニケーションが苦手だったわけではない方にとっても、さらに高度なコミュニケーションは頼もしい武器です。無理のない「届く声」や「話し方の型」を覚えることによって、仕事の質を高め、職場や顧客への貢献度を高めています。

私が指導した事例からいくつかご紹介しましょう。

職場でのプレゼンテーション、勉強会の講師、アナウンス、受付、接客、話し方スクール、着付け教室の講師、ヨガのインストラクター、紅茶教室の講師、音楽ライブのMC、歌のボイストレーナー、アナウンサー、声優、ナレーター、朗読教室の先生など、みなさんさまざまな場でご活躍されています。

事例1　小嶋繁香さん……国土交通省勤務

国土交通省に勤める小嶋さんが共鳴発声法のトレーニングを始めた理由は、「仕事ができる人になりたかったから」でした。

社会人1年目のある日、決裁をもらうための説明がうまくできず、上司に「何を言っているのか分からないから、ハンコは押せない」と言われてしまい、それ以降、説明をするのが怖くなってしまったと言います。

その後、「仕事ができる人」の共通点が「声と話し方」だと気づき、共鳴発声法のトレーニングを始めたのでした。

かつては自信があるように見せたくてがんばって声を張り上げていたのが、がんばらなくても相手に声が届くようになりました。

説明会や勉強会の講師を任されるようにもなり、「分かりやすかった」「声がいい」「堂々と話していてすごい」と評価も高い。さらには部下の声や話し方にも好影響が波及して、部下にとって「生きた教材」になっている自覚があるので、いい指導のために発声トレーニングを欠かさず続けています。

仕事や人間関係がうまくいくようになるとストレスもなくなり、なんと以前は怖くて仕方なかった決裁の説明が、今では得意分野となったそうです。

最も感じるのは、周囲から信頼され、尊重されるようになったこと。話もろくに聞いてもらえず、ないがしろにされて悲しい思いをしていた日々が、もはや懐かしい。「毎日が充実し、人間関係もどんどんよくなり、自分の世界がガラリと変わりました」と力強く話してくれました。

事例2　安保環さん……ヨガインストラクター

安保さんは、ヨガインストラクターとして5教室を運営しています。効果的なレッスンのために「受講者が夢見心地になるくらい心地いい声」が必須だったと、共鳴発声法を身につけようと思ったきっかけについて聞かせてくれました。

ヨガレッスンは声を出しながら指導するので、「通る声、響く声、艶のある声」が必要なんですね。まさに共鳴発声法の特徴そのものです。

発声の基本を身につけたことで、スタジオの大きさ、受講者の人数に合わせた最適な声と声質でレッスンができるようになったといいます。

屋外など声量が必要な場面でも、共鳴発声法なら声帯に負担をかけずにレッスンができるので、好都合ですね。受講者のみなさんからも「声がとても心地いいから、リラックスの度合いが違う」と感想をもらうことが増えたそうです。

仕事の必要に迫られて始めた共鳴発声法トレーニングでしたが、円滑なコミュニケーションというオマケもついてきました。

初対面の相手でも、面識のある相手でも、礼儀をわきまえつつ、やわらかで親しみのある接し方ができるようになり、人間関係のストレスが軽くなりました。

また、おもしろいのは、発声と話し方のトレーニングが「文章」(書き言葉)にも活きていて、文章で情報発信する活動にも大いに役立っているそうです。

共鳴発声法は周囲の関係者にまで好影響を与える

こうしてすでにプラスの成果を上げている方の話を聞くと、発声トレーニングをしているご本人にとってのメリットはもちろんですが、それ以上に他人(顧客、上司、部下、家族、友人など)にメリットを提供していることが分かります。

これは共鳴発声法の特徴と言えるでしょう。

あなたが発声トレーニングをすることで、お客さんにとってプラスになり、職場にとってプラスになり、上司や部下にとってプラスになり、家族にとってプラスになるわけです。

ぜひしっかり取り組んで、身近な人たちを幸せにして、職場に利益をもたらして、仕事で成功してください。

09 声というツールで、人間関係の悩みはすべて消える

声の目的は「人間関係の好転」にある

声を変えると、何が手に入るのか。

答えを一言で言うと「良好な人間関係」です。

今までは、気持ちが伝わらずにこじれていた人と、仲良くなります。声が気持ちを伝えてくれるからです。

今までは、魅力が伝えられずに買ってもらえなかった商品を、買ってもらえるようになります。聞く耳を持ってもらえるからです。

今までは、反故《ほご》にされていた約束を、守ってもらえるようになります。あなたの存在を尊重してもらえるようになるからです。

声が変わることで、話し方も変わり、人間関係が好転するのです。
私たちの悩みのほとんどは人間関係、つまり他者との関わりに原因があると言われています。

たとえば、

・職場の居心地がよくないから仕事がつらい
・ギクシャクした関係の家族や友人、同僚がいる
・ビジネスを始めたがお客さんが少ない
・仲よくなりたい異性との関係が深まらない
・会話や交渉が下手で仕事がうまくいかない

こういった悩みはすべて、人間関係に原因があるわけです。**だから声と話し方の改善で、うまくいくようになります。**

逆に言うと、他者とはまったく関係のない悩みは、声とは無関係です。しかも、声を変えなくても簡単に解消できる。

たとえば次のような悩みは、ちょっとした行動や思考の切り替えですぐに改善するでしょう。

・車のブレーキの利きが悪い
・飼い猫が言うことを聞かない
・釣りに行きたいのに雨続き
・フルートの高音がかすれて出ない
・ズッキーニの芽が出たのに枯れた

こういうのは、真の悩みではありません。

車のディーラーに電話をかければ一発だし、猫はなかなか言うことを聞かないものだし、雨なんか明日か明後日には上がるし、フルートの高音なら毎日の練習でマシになるし、ズッキーニはしょうがないから、また挑戦すればいい。

他者が関わらない悩みなど、心理学的には悩みとは呼びません。真の悩みは、他者とのトラブルです。もう一度見てみましょうか。

・職場の居心地がよくないから仕事がつらい
・ギクシャクした関係の家族や友人、同僚がいる
・ビジネスを始めたがお客さんが少ない
・仲よくなりたい異性との関係が深まらない
・会話や交渉が下手で仕事がうまくいかない

すべて他者が関わっています。
他者との関係にまつわる悩みの解消・軽減が、声のもたらす最大のメリットです。

今、関係がギクシャクしている相手と、うまくいくようになった状態を思い浮かべてみてください。

仲よくなりたい相手と仲よくしているシーンを思い浮かべてください。

お客さんが増えてビジネスが軌道に乗った状態を思い浮かべてください。

職場で会話が弾んで楽しく有意義に過ごしているところを思い浮かべてください。

それが声のもたらすプレゼントです。

誰でも
声を変えられる
「共鳴発声法」
とは？

CHAPTER 2

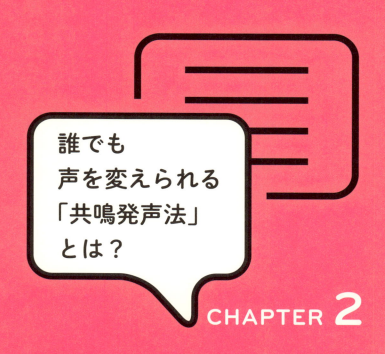

01 届く声はなぜ届く？——大事なのは「大きさ」ではない

声量はひとつの要素にすぎない

「声が通らない」

「大きな声が出せるようになりたい」

「しゃべるたびに聞き返されるのが苦痛」

このようなご相談はたいへん多い。

「大きな声が出せるようになりたい」と希望を表現する方が多いのですが、大声を張り上げたからといって声が届くわけではありません。


届く声の秘密は、「共鳴」にあるのです。

声が届かないと、誰でもまず「大きな声を出せばいいのだろう」と考えます。

確かに、声量は「届く声」のひとつの要素ではあります。

賑やかなカフェで店員さんを呼ぶとき、小声で囁《ささや》いても来てくれないでしょう。ある程度の声量がないと、声の高さや共鳴を工夫したところで限界がある。

発声診断をしたときに、あまりに細くて弱々しい声なら、声量アップのトレーニングをします。主に横隔膜の使い方と、声帯の閉じ方ですね。

ところが、声量はけっこう出ているのに、「よく聞き返される」「声が届かない」と悩んでいる方も少なくありません。

静かな場所ならうるさく耳につくほど声が出ているのに、ざわつく会議室では声がかき消されてしまう。

不思議でしょう?

つまりは、**声が通るか通らないか、届くか届かないかは、声量だけで決まるわけではない、ということです。**

ではいったい、何で決まるのでしょうか。

かき消されにくい声には「秘密」がある

静かな図書館なら、小声のおしゃべりも咎《とが》められるくらい、声が通ってしまう。なのに、賑やかな雑踏では、おしゃべりする気が萎えるくらい、耳元で叫んでも聞こえていない。

声だけでなく音全般に見られる「マスキング」という現象が起こるからです。

マスク（mask）とは、覆い隠すこと。ある音が別の音によって打ち消されてしまう現象です。

あなたがせっかく声を張り上げても、まわりの騒音にかき消されてしまうわけです。

ただし、単純に「小声だから大声に負ける」のではなく、かき消されやすい声とかき消されにくい声があります。

純音のように周波数成分がシンプルな音は、その音がマスクされたらもう聞こえませんが、倍音を豊富に含む複雑な音なら、一部の周波数がマスクされても、ほかの周波数が残るのでかき消されません。

そもそも声量が足りない声

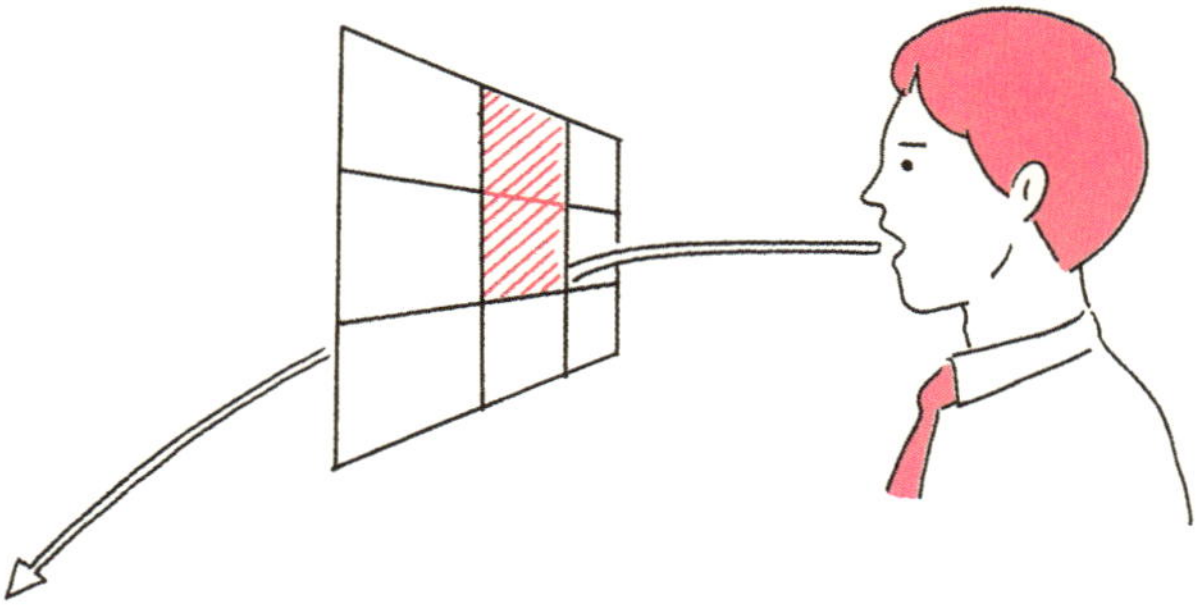

声量はあってもマスクされやすい「ムダの多い声」

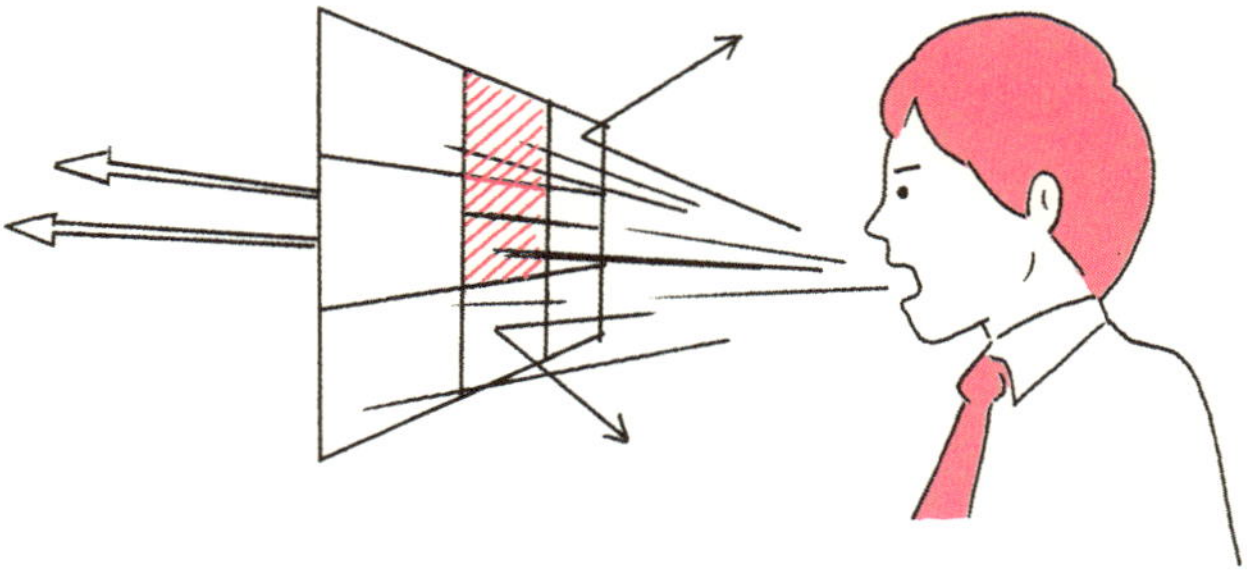

マスクされにくい「がんばらなくても届く声」

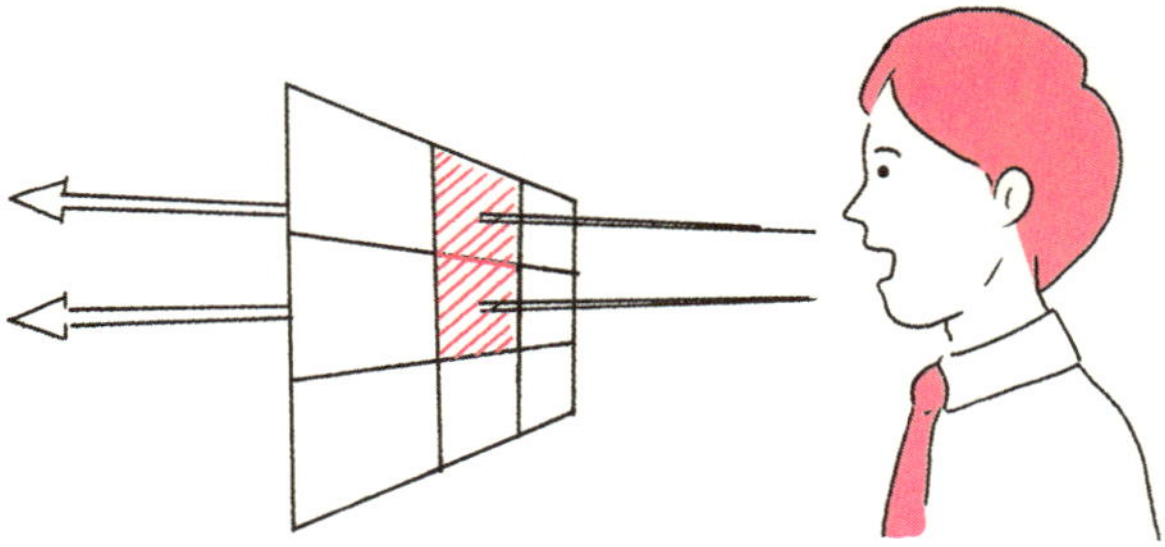

がんばって声を張り上げても聞こえないとしたら、声量ではなく声質を変えるトレーニングをしましょう。

声質とは「声の色」です。**共鳴の乗せ方によって声の成分を変え、特定の周波数帯を強めるといった工夫をすると、がんばらなくても届く「質的に通る声」になります。**

これからあなたに伝授する発声法は、共鳴のための発声法です。

「聞き返される」なら自信を持って

最後に、ちょっと異なる視点から「聞き返される」を考えてみます。

ある程度のレベルまで共鳴発声法が使えて、声量のコントロールもできるようになってきた方向けの話です。

いつも「出せる最大音量」でおしゃべりはしませんよね。

たとえばレストランで注文するとき、出そうと思えばまわりの全員が注目するくらいの声量も出せるけれど、店員さんとの距離やほかのテーブルとの位置関係、ＢＧＭの音量などを考えて、場に違和感のない声を出します。

最適なのは「ちょうど届く声」です。過剰なのはよくない。70㎝の距離に店員さんがいるのに、7m離れた別のお客さんが振り向くような声は過剰です。

この場合、せいぜい1m以内の人にだけ聞こえる声が適当でしょう。

もし、あなたがその気になれば3mでも5mでも声を届かせられるにもかかわらず、70㎝の相手に聞き返されたとしたら、それだけ緻密な声のコントロールをしていることになります。

かまわず大声を出せば聞き返されはしないのに、「ギリギリを狙って発声している」感覚です。

「場に適した声を出そうとしている」意識の持ち方に自信を持ってください。

発声に関して最も困るのは、声が出なくて悩んでいる人でもなく、ハスキーボイスに悩む人でもなく、「自分の声がまわりに聞こえすぎていることに気づかない人」なのですから。

声が出ない人なら、発声法を学べば出るようになります。

しかし、声が出すぎている自覚のない人は、ボイストレーニングをしようともしません。

あなたの身近にいる人を思い浮かべると、分かるでしょう。やかましくがなり立てるあの人は、声で悩んでなどいません。

聞き返されたり「聞こえない」と言われたりしないから、自覚するチャンスがないのです。**あなたがこうして声に悩むのは、声に対する意識が高いからです。**自信を持って、「ちょうどよく届く声」を練習しましょう。

02 声を決定づける「2つの要素」とは？

声のもとは美しくない

「共鳴」という大事なキーワードがすでに何度か登場しているので、このあたりで発声のメカニズムを押さえておきましょう。

「いい声で話す」という目的のために解剖学の詳しい知識までは必要ありませんが、「基本の基本」くらいは押さえておいたほうが、発声に関する説明が理解しやすくなります。

管楽器では、マウスピースで発生した音が管で増幅され、楽音になります。**声も同じで、声帯で発生した音（喉頭原音）に、咽頭や口腔といった共鳴腔で共鳴を加えられて増幅し、声になります。**

「喉頭原音＋共鳴＝声」です。

だから、いかに肺からの呼気《こき》を上手にコントロールし、いかに声帯を適切に使い、いかに共鳴を加えるかが発声の基本です。

声のおおもとは、声帯の振動が生み出す「喉頭原音」です。唇で声帯の真似をすると理解しやすいので、一緒にやってみましょう。

唇の力を抜いて、上唇と下唇をぴったり閉じます。このまま息を出すと、唇がプルプル震えて音が出ますね。俗に「リップロール」などと呼ばれることもある動作です。

声帯の振動が喉頭原音をつくるのは、これとまったく同じメカニズムです。閉じた唇を空気が無理やり通り抜けようとして、やわらかい唇を押しのける。押しのけられた唇はそれ自体の弾性によって元の位置に戻って再び閉じようとする。しかしまた空気に押しのけられ、また元に戻ろうとする――この繰り返しによって空気に一定の波動を生み出すわけです。

共鳴が乗っていない原音は、管楽器でも出せます。マウスピースだけを使って音を出すと、やわらかさや深みといった「色」のない、ブザーのような音が出るでしょう。それが原音です。

美しい音とはお世辞にも呼べませんね。

共鳴のない喉頭原音はブザーのような音で、美しくありません。

「喉頭原音」に「共鳴」を乗せると「声」になる

この味気ない喉頭原音に、共鳴を乗せると、はじめて「声」になります。

あなたのまわりに「ブー」「ピー」といったブザー音で話す人がいないことから分かるように、誰の声にも共鳴は必ず乗っています。

「声に共鳴を乗せるには、どうしたらいいのですか」と時々質問されますが、共鳴はもう乗っています。

「乗せ方」が問題なんですよね。**届く声が出せない人は、共鳴の乗せ方がよくないということです。**

鼻腔、口腔、咽頭腔といった、声の色に強く影響する共鳴腔をはじめ、厳密にいえば全身あらゆる部位の使い方が共鳴に関与しているといわれています。

口腔を横につぶした場合と縦にあけた場合では、声の通り方が違う。

咽頭腔をつぶして狭めた場合と、広く膨らませた場合とでは、やはり声の通り方がぜんぜん違う。

今からあなたに、共鳴コントロールを伝授します。共鳴の達人になってください。

03

届く声を「楽に出す」ただ1つの発声法

いくらあなたが「通る声で話したい」と望むとしても、応援団のように目いっぱい張り上げてしゃべりたくはないでしょう。

そうまでしなければならない環境ならむしろ黙っていて、場所を変えるなりするのではないでしょうか。

「通る声」がとにかく出せればいい、ではなく、「届く声を楽に出す」ために開発されたのが

「共鳴発声法」です。

すでにご説明したように、共鳴発声法はイタリアの伝統的な歌唱法「ベルカント」をベースにしているので、イタリア人と体格的に近い私たち日本人に合う「話し声の発声法」です。

最大のポイントはその名の通り「共鳴のコントロール」。パワーで押して通すのではなく、テクニックで共鳴を強め、声の質を変えて通る声にするという、大人向けの発声法とも言えるでしょう。

本書であなたに教える発声テクニックは、共鳴発声法を忠実に守った、純粋に話し声のためのテクニックです。

ごく自然な日本語を、通る声で楽に話すことができます。

もっとも、「自然か不自然か」は「慣れ」に影響されるので、新しく習った発声を不自然と感じ、いつの間にか従来の話し方に戻ってしまうケースがたいへん多いのは残念なことです。

自分の声が急に届くようになっても、気恥ずかしさから手加減してしまい、「気恥ずかしさを感じているデリケートな性格に見合った弱い声」に戻してしまうわけです。

共鳴発声法を使えば、無理せず楽に届く声が出せます。無理がないから、自然な話し方になります。

発声にとってお腹の使い方は大事ですが、だからと言ってお腹を「エイッ!」と力任せに使って声を張り上げるようなやり方ではありません。

「話せば話すほどエネルギーが湧いてくる」と話す人もいます。

不思議なことではないと私は思います。

ウォーキングでも体操でも、正しいやり方で運動をすればイキイキして元気になり、「もっと動きたい」という状態になりますよね。

「声が通らないから、がんばって話さなければならず、会話で疲れ果ててしまう」という方には、特に共鳴発声法を使って生活することをお勧めします。

04 共鳴発声法とは、「ホースの先をつぶして、水を遠くまで飛ばす」こと

共鳴を集めて飛ばす技術

発声法では「共鳴を集める」という言い方をします。

音は目に見えないので、「集める」と言われても感覚的に分かりにくいかもしれません。周囲の音にマスキングされてかき消されてしまわないように、さまざまな周波数成分を含む声が「届く声」なのですが、だからといって「聞き手の耳にキャッチされにくい周波数」がたくさん含まれていても意味がない。

私たちの耳は20~20000Hzの音を聞き取ることができますが（可聴域と言います）、この範囲の全域にわたって同じ程度に聞き取りやすいわけではありません。

3000Hzあたりに「聞こえやすさ」（ラウドネス値）のピークがあります。この高さは

楽器のピッコロの音域なので、基音（何の高さで話しているか）としての3000Hzで話すわけではありません。悲鳴のように甲高いしゃべりになってしまいますからね。

では、どうすればいいか？

倍音成分として3000Hzあたりの音を普通の声に「足せ」ばいいのです。

つまり、ミならミ、ソならソとしゃべっている高さ（ピッチ）は変えないまま、含まれる周波数成分を発声技術によって調整するのです。

ラウドネス値の高い3000Hz付近に周波数成分を集めると「歌唱フォルマント」と呼ばれる性質を持つ特殊な声になり、オーケストラをバックに一人で歌ってもかき消されません。

話し声では3000Hzを狙うわけではなく、もっと楽に出せる「高め」の周波数帯でいいのですが、大事なのは「聞こえやすい周波数帯にある種のフォルマントをつくる」こと。手がかりは耳に「ピーン」とくる感覚の声です。

フォルマントとは、音声に含まれる周波数を解析したときに見える、周波数成分が集まったピークを指します。一般に「ア」や「オ」など音が同じなら、フォルマントのパターンは近い形になりますが、そこに「耳に聞こえやすい周波数成分」を集めて加えるのが、共鳴発声法のテクニックです。

「しゃべる高さが変わらないのに、周波数が変わる」のあたりが、ちょっと難しいかもしれませんね。

ミの高さの声を出しているとき「基音はミ」と言えますが、その上にはミ以外のさまざまな倍音が乗っています。

その倍音が重要なのです。

「どの高さでしゃべるか」より、「どんな倍音を含ませるか」が重要です。

「共鳴発声法とはどういう技法か」を一言で説明するなら、「共鳴腔のコントロールによって声に含まれる倍音成分を調整する技法」と言えるでしょう。

では、「共鳴を集める」とはいったいどんな感覚なのか。

「共鳴を集める」とは、こういった操作のことを指します。

簡単に言うと「ホースの先をつぶして水を遠くまで飛ばす」感覚です。

発声法を使わずに、ただがむしゃらにパワーで押すのは、ホースをそのままに蛇口をあいて水を多く出すようなもの。

いくら全開まであいても、水はどぼどぼと足元に落ちるだけでしょう。ところが、ホースの先をギュッとつぶせば、水量を増やさなくてもピューッと遠くまで飛びます。

「水量を増やさなくても」がポイントです。つまり、がんばらなくても楽に飛ばせる。

洗車用のノズルや、節水型のシャワーも、同じ方式ですね。水量は増やさずに、勢いを増すことができます。

同じ考え方で「パワーはそのままで、テクニックで声を飛ばす」のが共鳴発声法です。

パワーではなくテクニックに頼る発声法なので、年を取っても一生使えます。

周波数スペクトルを視覚的に表示してみたら

実は私も、常にビンビン通る声でおしゃべりしているわけではありません。

必要に応じて、声の質を使い分けます。

あるとき、対談の録音を再生しながら周波数スペクトル（音声を視覚的に表示する解析画像）を見ていた音声技術者が言いました。

「先生が通る声を出した瞬間、フォルマントがくっきり分かれるんです！」

「フォルマントがくっきり分かれる」とは、つまり、声の成分をばらつかせないで、通る声に必要な成分だけにギュッと集めている、ということです。

分かりやすく数字にするなら、100Hz、200Hz、300Hz、400Hz、500Hz、600Hz、700Hz、800Hz、900Hz、1000Hzのすべての成分を10ずつ出すのではなく、300Hzと1000Hzの2カ所のみに50ずつ集中させて、ほかの周波数は0にするようなもの。

トータルのエネルギー量は変えずに、「声を通す」という目的のために有効な使い方をしているわけです。

「パワーで押すのではなく、テクニックで届かせる」発声法のイメージがつかめたでしょうか。

05 発声技術の三要素——喉あけ、支え、共鳴

自分の発声を見直すとき、チェックポイントが3つあります。

1. 喉あけ

2. 支え
3. 共鳴

喉あけとは、喉の詰まりを解消して、声が出やすい発声器官をつくる身体操作です。

喉が詰まっていたら、声は出ません。管楽器の管が詰まっているようなものです。

トランペットやホルンなどの金管楽器は、ラッパの開口部にミュート（弱音器）を挿し込んで、音を小さくしたり音色を変えたりします。

つまり、「管に何かが詰まっていたら素直な音は出ない」とも言える。楽に音を出したいなら、管が詰まっていないに越したことはないのです。

楽器の弱音器は、「自宅で音量を抑えて練習したい」といった目的があってわざと詰まりをつくるわけですが、発声の場合は喉の詰まりがプラスになることはありません。

発声法を知らない人は、概して喉が詰まっています。喉をあけるだけで発声が楽になります。

次は「声の支え」です。

「支え」は喉あけや共鳴に比べて、イメージしづらい概念でしょう。

横隔膜を中心とする腹部の使い方により、声を安定させる身体操作を「支え」と言います。

息を吸って、ため息をつくように息を吐きながら「はぁ」と声を出してみてください。

1秒ももたずに空気が終わってしまうでしょう。空気を吸うために下がった横隔膜が、なんの抵抗もないまま上に戻って肺から空気を追い出してしまったからです。

この「はぁ」を10秒もたせて「は〜〜〜」と伸ばそうとしたら、どうしますか？　肺から空気が一気に抜けないように、お腹のあたりで工夫をするでしょう。腹筋よりもっと内部にある何かを「上がらないように下に押さえながら呼気をコントロール」している感覚が分かるでしょうか。

それが横隔膜の操作です。横隔膜が上に戻らないように押さえつつ、一定の速度で少しずつ戻していくことで声に安定感を与えられたら、それが「支え」です。

最後に、共鳴。

共鳴こそ発声法の命です。声帯で生まれた喉頭原音に、いかに倍音成分を上乗せしていくかが、発声トレーニングのメインパートです。

口の中の天井（口蓋《こうがい》）を軽く引き上げたり、あくびの真似をして咽頭を広げたりするだけでも、喉頭原音にさまざまな周波数が加わり、その分布によって声質が変わります。

「届く声」を作るのは、主に共鳴のための身体操作です。「共鳴を集める」ことによって、通りやすい、届きやすい性質の声を生み出します。

以上、喉あけ、支え、共鳴の3つが良好な状態に整えば、あなたの出したい声が自由自在に出せるのです。

06

「喉をあける」って結局どういうこと？

発声法を知らない人は、どうしても喉が詰まりがちです。

何もしなければ喉は詰まります。

長時間ずっと黙ったままデスクワークをしていて、いきなり鳴った電話に出たときなど、声が出づらいのを感じたことはありませんか？

逆に、カラオケで何曲か歌った後に「ノッてきた」「いくらでも歌える」と感じたこともあるでしょう。ウォーミングアップができて、喉があきやすくなったからです。

日本人は言語の特性からして、喉が詰まりやすい宿命があります。

日本語は高低アクセントの言語であって、強弱の区別がいらないので、母音がブツブツと短くなり、喉をあけるのが難しいのです。

それにしても、なぜずっと黙っているだけで、喉が詰まってしまうのでしょう。

発声には、本来は別の動作を目的とする器官を借用しています。

唇や舌は物を食べるため、横隔膜は肺に息を吸い込むため、声帯はもともと食べ物が気管に入るのを防ぐため、のように、発声よりもっと生命維持にとって重要な用途を持つ器官を、発声用として「も」使っているわけです。

だから、ある程度のトレーニングをしないと、発声器官としてうまく使いこなせません。トレーニングもせず、ウォーミングアップもしなかったら、喉が詰まってしまって当然です。

もっとも、発声をしないのであれば、喉が詰まっていてなんら差し支えありません。それどころか、「本来は詰まっている」とさえいえる。無造作にしていると、喉は詰まるのです。

「喉は怠け者」と表現する発声指導者もいます。あけるつもりでしっかり鞭打たないとあいてくれないし、ちょっとでも油断するとすぐ閉じてしまうからでしょう。

では、「喉をあける」とは、いったいどういう動作なのか。

簡単にいうと「咽頭を持ち上げ、喉頭を引き下げる」動作です。

私たちの「喉」は大きく2つの部分に分けられます。大きく口をあけたときに奥に見えるあたりが咽頭、見えない奥が喉頭です。

あくびをしたときに奥に広がるのは咽頭、喉仏があって中に声帯があるのが喉頭です。最も狭い意味での発声器官は、この喉頭を指します。耳鼻咽喉科というときの「咽喉」は、この2つの喉を意味しているんですね。上が咽、下が喉、この両者を上下に引き離すから「喉をあける」になるわけです。

メカニズムが理解できても、事は簡単にはいきません。解剖学的な知識が発声に役立つかというと、かえって力みを生じる原因にもなります。

「喉をあけると言われても、漠然としていて分からない。もっと具体的に器官の名称などで言ってほしい」といった要望をくださる方もいますが、「咽頭を引き上げて、喉頭を引き下げてみて」と言われたところで、正しい動作ができるとはかぎりません。

舌根《ぜっこん》（舌の付け根）と言われたら、誰でも部位は特定できますが、「舌根を下げて」と言われても、どうしたら下がるのかが分からず、部位を意識するあまり喉や顎のあたりに力みを生じ、かえってうまくいかなくなります。

「舌根を意識すると、舌根が下がらない」のです。

喉をあけるにも、ちょっとしたコツが要ります。「口をあける」とは違います。大口をあけても喉はあきません。むしろ閉じてしまいます。

では、どうしたら喉があくのか。CHAPTER3のトレーニングで取り上げますから、後ほど一緒に試してみましょう。

07

「支え」とは、空気が一気に抜けないようにコントロールする力

声の支えを理解するには、横隔膜の働きを正しく知る必要があります。

「横隔膜感覚」は、すでに体感しましたね。

息を肺いっぱいに吸って、そのままの状態をキープしているときにがんばっているのが、横隔膜です。

腹筋より内部で何かががんばっている感覚が分かるでしょう。何かが内側から外側へ、あるいは下方へ向かってがんばっている感じ。そのがんばりを放棄した途端、空気が肺からスーッと抜けてしまいます。

横隔膜は、最も重要な呼吸筋です。肺は自力では動けないので、横隔膜が収縮することで肺を引き下げ、空気を吸い込みます。

横隔膜は肺の下にドーム状になっていて、収縮するとドームが平らにつぶれて下がります。

トイレの詰まりを取るゴムの吸盤のような道具（通水カップ）をご存じですか？　ちょうどあの構造だと思えば理解しやすいでしょう。

力を加えていないときは、ドーム状のゴム部分がドーム状のままですが、棒を握ってぐっと力を加えると、ドームがつぶれて扁平になり、力を抜けばまたドーム状に戻ります。

横隔膜も、「息を吸う」動作によってグッと収縮して、平らに下がります。

空気を吸ったままの状態を保とうとすると、横隔膜を収縮させている感覚がつかめるかもしれません。それが先ほどの横隔膜感覚です。

力を抜くと、横隔膜はドーム状に戻り、肺から空気を追い出してしまいます。

ため息実験を思い出してください。「はぁ」とため息をつくように声を出すと、一瞬で肺の空気がなくなったでしょう。

横隔膜が戻るに任せてしまうと、あっという間に空気を使い果たしてしまう。抜けていく空気はコントロールの利いていない、不安定な呼気です。

不安定な呼気で出した声は、発声の用語を使うなら「支えのない声」。

呼気を一定量ずつ出し続けて安定させるには、横隔膜が勝手に戻るに任せず、加減をしながら少しずつ戻していく必要があります。

ダンベル運動で分かる呼吸筋の働き

横隔膜は、吸気に関わる呼吸筋であって、吐くための筋肉ではありません。

これは喩えるなら、上腕二頭筋（力こぶ）とダンベルの上げ下げの関係に似ています。

上腕二頭筋はダンベルを下から持ち上げるときに働く筋肉であり、ダンベルを下ろすための筋肉ではありません。しかし、ダンベルを下ろそうとするときに、上腕二頭筋の力を完全に抜いてしまうと、ダンベルを静かに下ろすことができず、ドカンと落下してしまいます。

静かに下ろそうとするなら、持ち上げるための筋肉に力を保ったまま、ゆっくり下ろしていくことになります。

横隔膜も同じで、吸うための筋肉である横隔膜の力を完全に抜いてしまうと、空気が一気に抜けてしまいます。

それでは呼気が一定にならず、不安定でうまく話せないので、ゆっくり空気を抜く（呼気を吐く）ためには、吸うための筋肉である横隔膜に力を保ったまま、ゆっくり吐いていくことになります。それが「支え」の感覚です。

こうして説明してみても、やっぱり「支え」の概念は難しいですね。

不安定になりがちな呼気に一定の流れを与え、声を安定させようとする身体操作が「支え」です。

08

「口を大きくあけるといい声が出る」はウソだった

「私、ウソを教えていました……」と音楽教師

小学校の音楽教師を長年務めた女性が、あらためて歌をしっかり歌いたいと、声楽家に師事して発声を習い始めました。

数年経ったある日、後悔をにじませた苦しそうな表情で、こう告白したそうです。

「**先生、私ずっと子供たちにウソを教えていました。口を大きくあけなさいとずっと言っていたんです。口を大きくあけたら、いい声は出ないんですね**」

長年信じてきた「口を大きくあければいい声が出る」という信念のせいで、発声の矯正にはずいぶん時間がかかったようですが、「口を大きくあけてしまうと共鳴が逃げる」という事実をついに体感できたとき、「安易な思い込みを疑うことなく何十年もウソを……」と慙《ざん》

愧《き》の念にいたたまれなくなったのだそうです。

でも、大丈夫ですよ。声のことなど気にしない子は口をぱくぱくあけながらの声でも特に困らずに一生を過ごすだろうし、声を意識するようになった子は、本書のような発声レッスンに出会って本当の発声法を知る機会もあるでしょう。

声に関して影響力が大きいのは、生徒ではなく先生のほうですから、先生が正しい発声法を知った以上、これから「声の啓蒙」に貢献するチャンスはいくらでもあります。

発声に関わる者として、お互いに精進して正しい発声を世に広めていきましょうと伝えたいですね。

落語家は大口をあけるか？

もしかしたら、あなたも「口を大きくあけて声を出しましょう」と小学生の頃に教わったことがあるかもしれません。しかし、これは間違いです。

いい声を出すためには、口を大きくあけてはいけません。共鳴が逃げて、あけっ広げの幼い声になってしまいます。

発声を学んでいない人と、発声の訓練を受けた人とで、認識が正反対になる事柄がいくつかありますが、口のあき具合もそのひとつです。

声をハードに使う声のプロである落語家は、大口をあけてぱくぱくしゃべるか。名物ナレーターは、有名講師は、アナウンサーは、どうか。

誰もぱくぱくしていません。

落語家の林家こん平さんの「チャラ〜ン、こん平で〜す」くらいしか思いつかないほど、口を大きくあけているプロは稀です。

こん平師匠だって、大口は最初の挨拶ぐらいです。

ほかに口を大きくあけてしゃべる人がどこかにいるかと探したら、いました。幼児が大勢でいっせいに挨拶の練習をするとき、「大口でぱくぱく」になりますね。

「お・は・よー・ご・ざい・ます！」

最後の「ます！」で思いっきり叫んでいる姿が容易に想像できるでしょう。

とはいえ、数十年前にはテレビやラジオのアナウンサーもこれに近い発声だったのですから、幼児を笑ってはいられません。

年配の方なら覚えていらっしゃるかもしれませんね。「おはようございます。朝のニュースです」と原稿を読むアナウンサーの「おはよう」の「は」が、パッと横方向にひらく感じのしゃべり方。

発声の基本はO形です。口と喉をアルファベットのO形にすると、無駄に空気をスカスカ抜くことなく、空気の流れを作って共鳴をコントロールし、小さな労力で最大の効果を発揮することができます。

横方向ではなく、縦方向にひらくのが、口のあけ方です。「発声の基本はO形」と覚えておきましょう。

1日5分で「届く声」を手に入れるトレーニング

CHAPTER 3

さあ、ここからは実践トレーニングです！
初めての方は、ぜひ私のレッスンを収録した音声データを聴きながら読み進めてください。

TRAINING 01

あくびフォーム

♫01

日本人は喉が詰まっている人が多いので、まずは「あくびフォーム」を覚えましょう。あくびの要領で声を出すことで、「喉があく」感覚をつかめます。

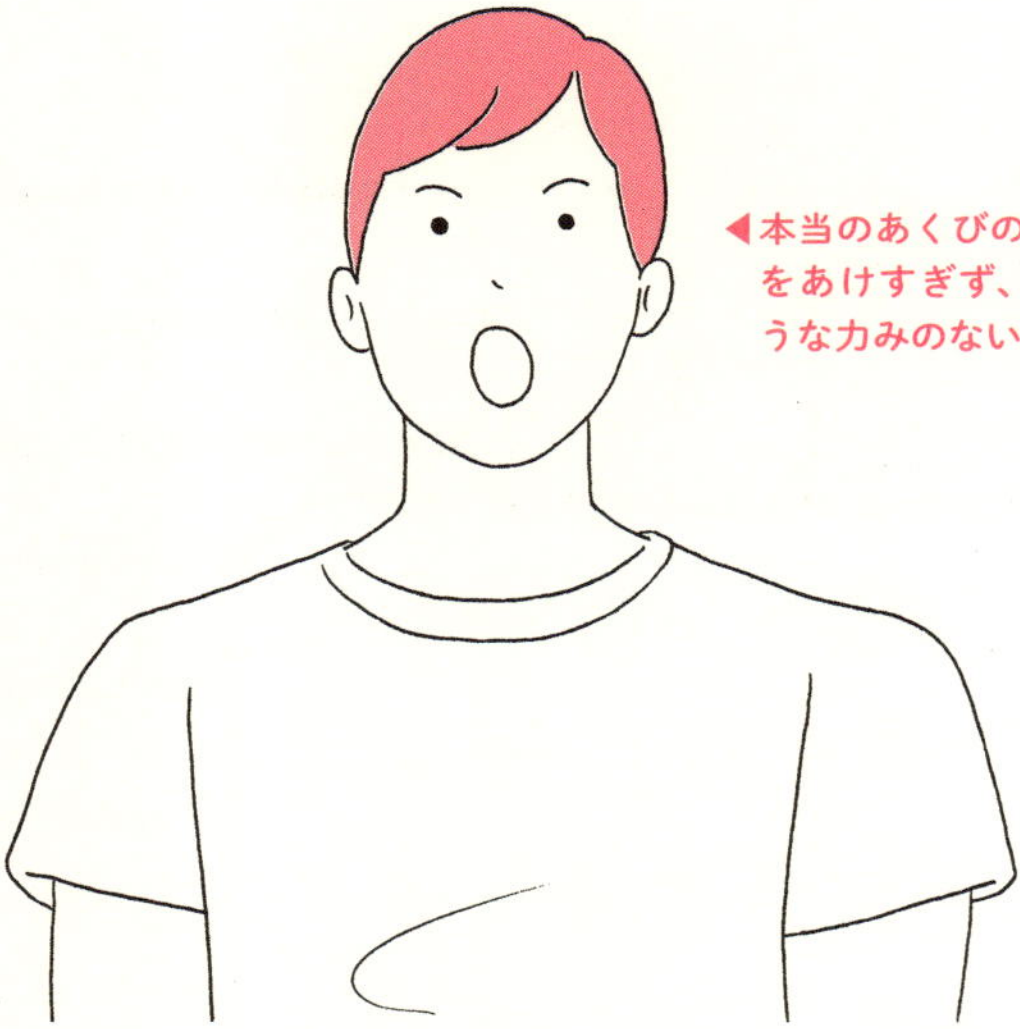

◀本当のあくびのように大口をあけすぎず、鯉の口のような力みのない「O」形に

STEP 1　無造作に「あ～」と声を伸ばしている途中で、あくびの真似をする。

Teacher's Advice

齋藤先生のアドバイス

「喉あけ」はプロの歌手にとっても常に課題となる状態ですから、数日で完全に身につくわけではありません。喉が詰まった状態と、あくびで喉があいた状態の違いが分かれば、まずはよし。今後は、声を出すたびに「喉あけ」を思い出して、だんだんと癖にしていきましょう。

TRAINING
02 壁押し発声

♫02

壁を押しながら発声することで、芯のある声を出すために必要な「横隔膜を効果的に使ったときの身体感覚」がつかめます。

STEP 1 「あ～」と声を伸ばしながら両手で壁をぐっと押して、押したときだけ声が強まる感覚をつかむ。

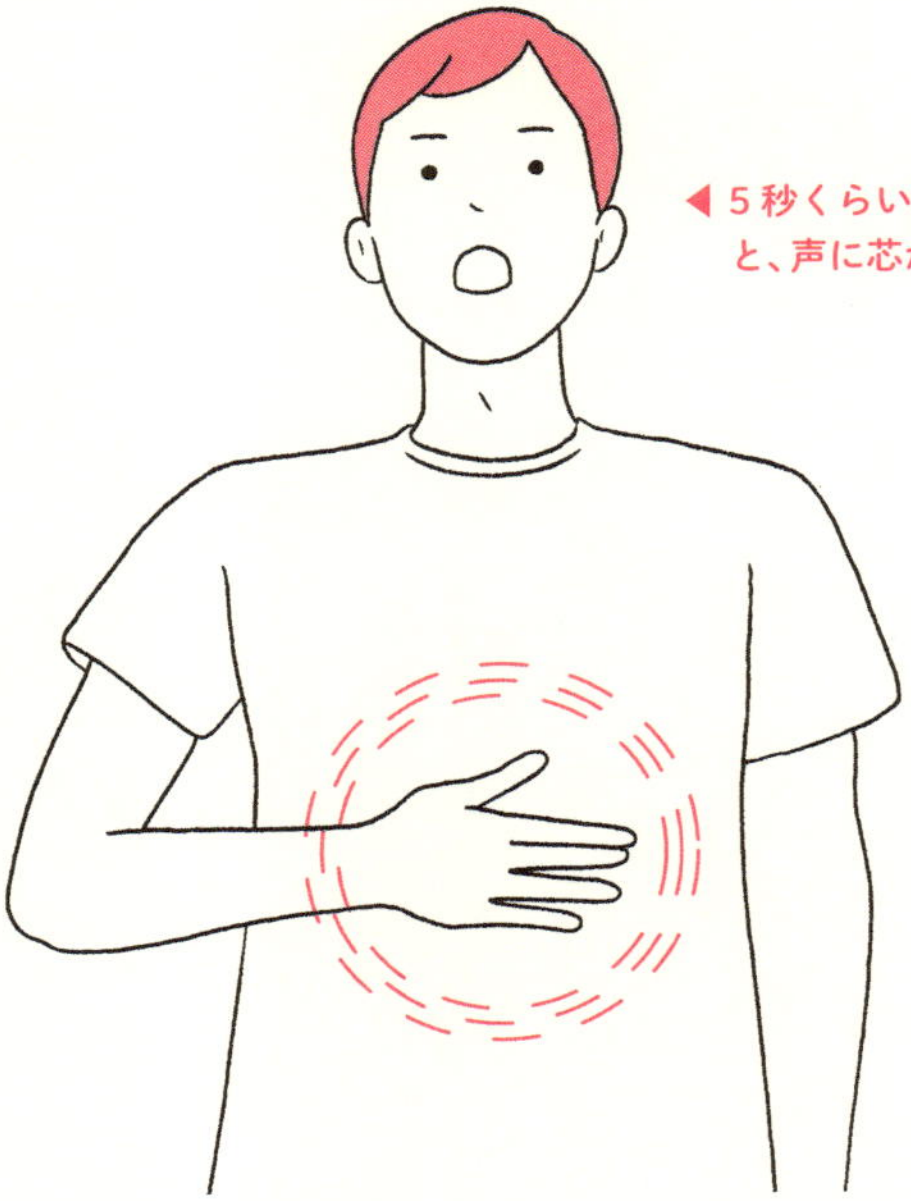
◀ 5秒くらい強い声が出せると、声に芯が通った証拠

STEP 2　壁を押さずに、「押したときのお腹の感覚」を再現しながら、「あ〜」と声を出す。

STEP 3　その感覚をキープしながら、「メロスは激怒した」と朗読して定着を促す。

Teacher's Advice

齋藤先生のアドバイス

声の張りが変化しないように、最初から最後まで同じ調子でしっかり出せるようになったら、うまくできています。お腹の使い方を体で覚えるまで、短期集中で3日間ほどみっちりやってみてください。ただ漫然と繰り返すのではなく、ぐっと壁を押したときにお腹がどういう状態になっているかを確かめながら続けましょう。

TRAINING
03 「モー」トレーニング

♫03

さらに高度な横隔膜コントロールのトレーニングとして、「モー」トレーニングと呼ばれている20秒伸ばしに挑戦しましょう。

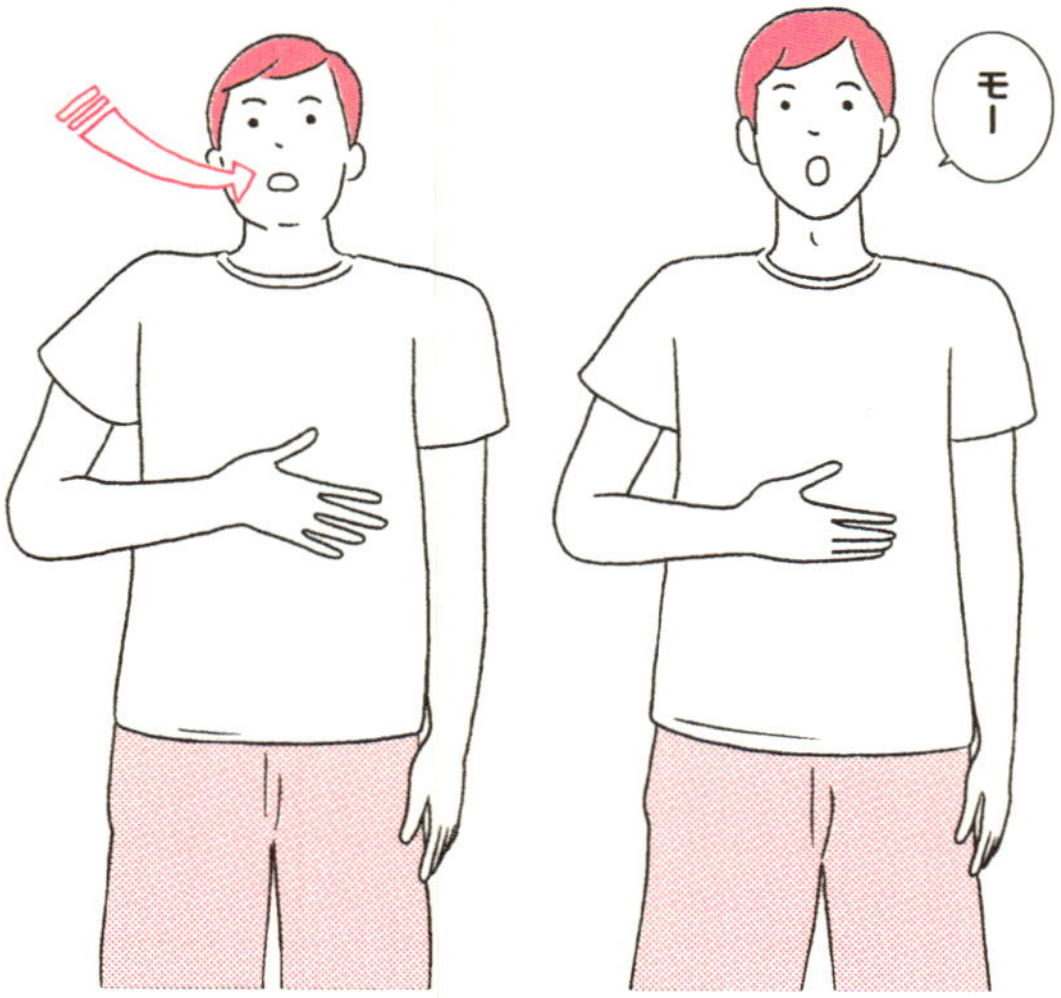

▲一定のペースで吸った息を声として吐き出せるよう、
肺活量ではなく「横隔膜」をコントロールしよう

STEP 1 深く息を吸って、「モ〜」と20秒、声が波打たないように伸ばす。

Teacher's Advice

齋藤先生のアドバイス

息を持たせようとして蚊の鳴くような細い声になると、発声効率が下がって続きません。かといって大声で叫んだら一瞬で空気が終わってしまうので、「充実した小声」が大事です。20秒間伸ばせるまで、トレーニングを続けましょう。

TRAINING
04 共鳴を集める

♫04

いよいよ共鳴発声法の要、共鳴のコントロールに入ります。首の後ろで確かめながら、共鳴をつくっていきましょう。

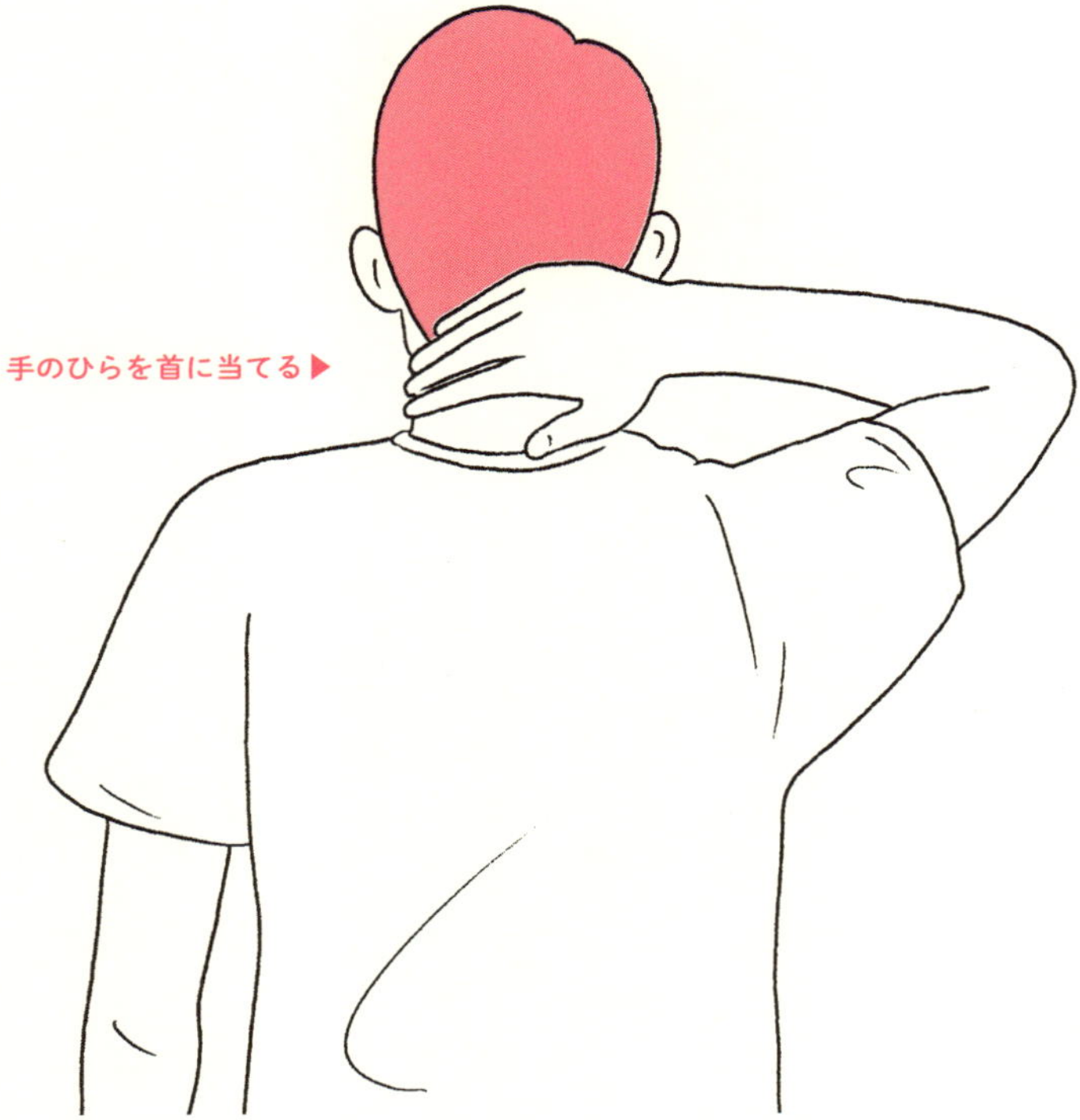

STEP 1 首の後ろを覆うように、手のひらを首に当てる。

◀声を一度“持ち上げて”から、
前へ出すようにすると、響

STEP 2 普通に「あ～」と声を出し、首から手のひらに響き伝わらせる。

STEP 3 同じ姿勢のまま、「あくびフォーム」の要領で再び「あ～」と声を出したときの響きの強さを、STEP2 の響きの強さと比較する。

STEP 4 STEP2 の「あ～」と STEP3 の「あ～」を交互に出し、響きが強い＝いい共鳴で声を出す身体の使い方を覚える。

Teacher's Advice

齋藤先生のアドバイス

1 回 3 分くらいを集中的に毎日 3 回ずつトレーニングしたら、数日で感覚がつかめるはずです。響きの強い状態をキープしたまま安定して「あ～」と伸ばす練習をしてから、次の段階へと進みましょう。

TRAINING
05
共鳴を強めて話す

♫05

共鳴を作り出したら、今度はその共鳴を強めた状態で話すトレーニングをします。よく使う言葉から始めてみましょう。

◀「壁押し発声」で学んだ横隔膜の支えを使うのを忘れずに

STEP 1 首の後ろに手を当てて、響きが強い状態をキープしたまま「おはようございます」と発声。最初から最後まで、響きの強さが一定になるように、何度も繰り返す。

STEP 2 力むことなく、一定の響きで「おはようございます」が言えるようになったら、よく使うほかの言葉でも練習して、声の汎用性を高める。

- ありがとうございます
- いらっしゃいませ
- お疲れさまでした
- よろしくお願いします
- 申し訳ございません

Teacher's Advice

齋藤先生のアドバイス

「あ～」なら上手にできたのに、具体的な言葉を適用した途端、響きの感覚が分からなくなってしまうことがあります。「あ～」と言葉を交互に行ったり来たりしながら、響きを保って話せるように毎日少しずつ、1週間は練習してみましょう。

TRAINING 06

O形で声を届ける

♫06

喉をあけて共鳴を感じながら挨拶ができるようになったので、今度はこの声が「相手」に届くよう遠くへ飛ばすトレーニングをします。

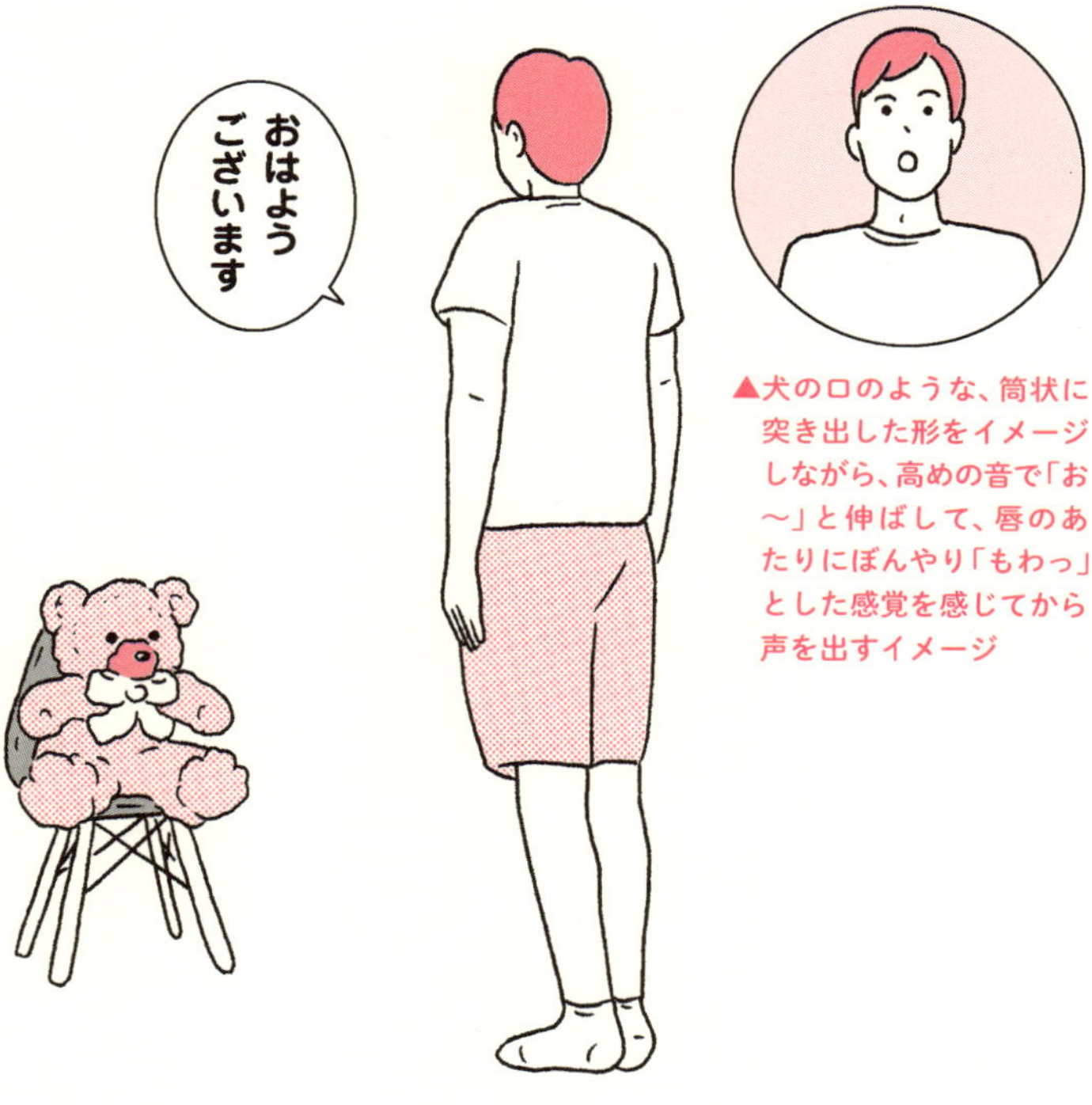

▲犬の口のような、筒状に突き出した形をイメージしながら、高めの音で「お～」と伸ばして、唇のあたりにぼんやり「もわっ」とした感覚を感じてから声を出すイメージ

STEP 1　5～7mくらいの距離に、ターゲットになるよう植物やぬいぐるみなどを置く。

STEP 2　ターゲットを目がけて、O形の口で「おはようございます」と発声。

STEP 3　同様に、前項で練習した挨拶の言葉をもう一度練習。

- ありがとうございます
- いらっしゃいませ
- お疲れさまでした
- よろしくお願いします
- 申し訳ございません

Teacher's Advice

齋藤先生のアドバイス

声を相手に「手渡す」イメージが大事です。口元から出た声がだんだん相手に近づいていくのではなく、いきなり相手のところで声が始まり、いきなり「はいっ」と手渡すイメージです。腕がにゅ〜っと伸びて相手のところまで届き、そこでボールを「はい」と手渡すイメージで、「しっかりした声量が楽に出る」形を見つけてください。

TRAINING 07

朗読トレーニング

♫07

今までのトレーニングを統合して、「届く声」を自分になじませる最終段階が、朗読トレーニングです。今回は太宰治の『走れメロス』で練習してみましょう。

朗読練習３つのポイント

1. 大げさに演じすぎない

2. 漢字の読みやアクセントの正誤はそれほど気にしなくてよい

3. ある程度の距離まで届ける（普段が同じテーブルの相手まで届ける声なら、「隣のそのまた隣のテーブル（＝３〜５m）」くらい離れた距離で会話をするイメージ）

※相手との距離感以外は、「会話として不自然にならない話し方」を心がける

STEP 1　あくびで喉をあけ、横隔膜の支えを意識し、首の後ろに響きを感じる声で110ページの『走れメロス』の一部を朗読。

STEP 2　朗読の音声を録音し、再生してチェック。「声がしっかりしてきた」と感じられるようになるまで続ける。
※目安は毎日５回を10日間

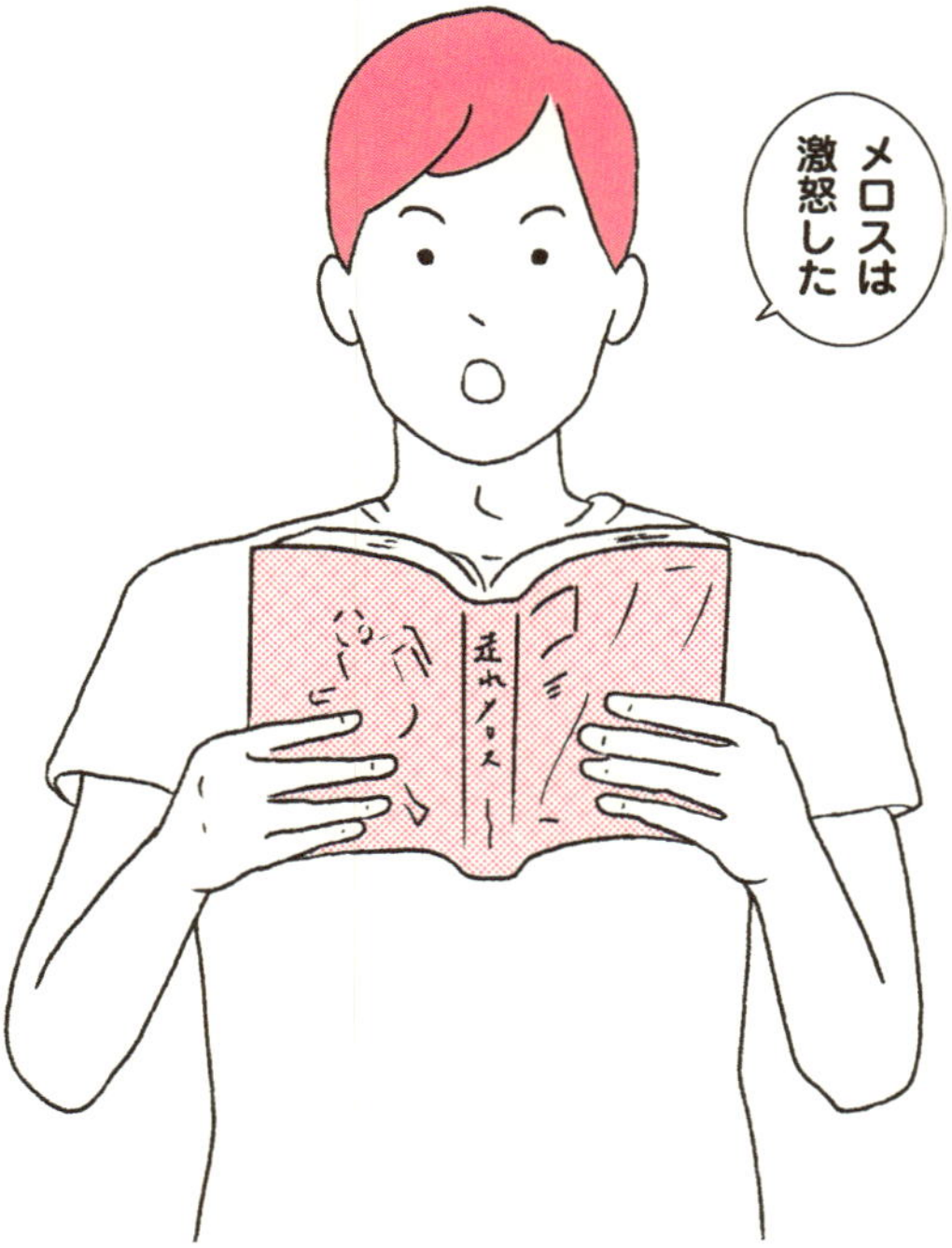

▲ターゲットのところで声を出し続けるために、
喉で押さずにお腹で声を運ぶイメージ

Teacher's Advice

齋藤先生のアドバイス

ひとりごとをつぶやく調子でぼそぼそ読んでも、話し声のトレーニングになりません。離れた相手にも十分に聞こえる声量を意識して朗読を続けましょう。「声の基礎体力」を高めるには、いつも「少し無理する」必要があります。10の声量が楽に出せるなら、11の声で朗読します。11の声が楽になってきたら、12の声を出しましょう。「がんばらなくても声が遠くまで届く」のが共鳴発声法の特徴ですが、声の基礎体力が高まれば高まるほど、もっと楽に声が届くようになります。

走れメロス
朗読トレーニング用テキスト

メロスは激怒した。必ず、かの邪智暴虐《じゃちぼうぎゃく》の王を除かなければならぬと決意した。メロスには政治がわからぬ。メロスは、村の牧人である。笛を吹き、羊と遊んで暮して来た。けれども邪悪に対しては、人一倍に敏感であった。きょう未明メロスは村を出発し、野を越え山越え、十里はなれた此《こ》のシラクスの市にやって来た。メロスには父も、母も無い。女房も無い。十六の、内気な妹と二人暮しだ。この妹は、村の或る律気な一牧人を、近々、花婿《はなむこ》として迎える事になっていた。結婚式も間近かなのである。メロスは、それゆえ、花嫁の衣裳やら祝宴の御馳走やらを買いに、はるばる市にやって来たのだ。先ず、その品々を買い集め、それから都の大路をぶらぶら歩いた。

これで完ぺき！
「お悩み別」
ボイス・
カウンセリング

CHAPTER 4

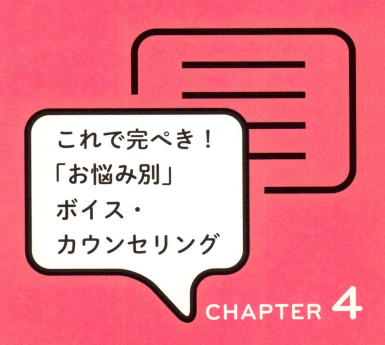

Q

か細くて、よく聞き返される「弱々しい声」をしています。声を強くできますか？

「横隔膜」を正しく使いましょう

・か細くて聞こえない
・「えっ？」と聞き返される
・店員さんを呼んでも気づいてもらえない

弱々しく、ふわふわして芯がない声を改善するには、「壁押しトレーニング」から始めましょう。

「横隔膜を効果的に使ったときの感覚」を覚えて、「声の支え」を改善することが肝心です。CHAPTER3で紹介した「壁押し発声」トレーニングを再読して、正しい手順を確認してください。

今まで、「声が小さい」「大きな声が出ない」という悩みを抱えた方のご相談を数え切れないほど受けてきました。いろいろな声の悩みの中でも、圧倒的に多いのです。

壁押しトレーニングだけで改善してしまう人もいれば、一瞬だけ改善できたのにすぐに弱々しい声に戻ってしまう人もいます。

両者の差は何なのかとずっと不思議だったのですが、ついに突き止めました。普段の「呼吸の深さ」が大きく関与しているようです。

横隔膜は呼吸筋です。深く息を吸い込むと、横隔膜は自然に下がります。

本当は「横隔膜を下げると、肺に空気が入る」のですが、体感としては逆に「息を吸うと、横隔膜が下がる」のように自覚されるのが普通です。

呼吸が普段から深い人は、横隔膜がしっかり下がった状態に馴染んでいるので、その状態をキープしやすい。

呼吸が浅い人は、いつも横隔膜が上ずった状態で過ごしているので、壁押しトレーニングでグッと下げたとしても、また馴染んだ状態に戻ってしまう。

声が弱々しくて芯がないのであれば、発声法の会得とは別に、「深い呼吸」を普段から心がけるとプラスになるでしょう。

すでに体験した「横隔膜感覚」を何度も味わって、「横隔膜が下がった状態」を癖にしてしまうのが早いと思います。

息を肺いっぱいに吸い込んで、そのままの状態をキープしているときに、表面的な腹筋ではない、もう少し奥の何かががんばって下方にとどめておこうとしている感覚が、横隔膜感覚です。

しゃべるときは、常にこの横隔膜感覚を感じながら声を出すように癖をつけると、支えがある声になります。

Q

普通に話しているつもりなのに、声が「低くて、暗い」と言われてしまいます……

「気持ち高め」で話すトレーニングで改善！

声が相手まで届いたとしても、その声が低くて暗かったら、快適なコミュニケーションになりません。

なぜ、声が高めのほうがコミュニケーションがうまくいくのか。

テンションの高さと声の高さが比例するからです。

普段は落ち着きのある理性的な人でも、好きなことを熱く語るときは声が高めになります。

どんなに抑えを利かそうとしても、ところどころに無意識の盛り上がりがどうしても出てしまう。

たとえば私は砂浜からの投げ釣りでシロギスを釣るのが大好きなので、魚が掛かったときに釣竿に伝わってくるブルブルブルッという振動の興奮を、低くて暗い声で語り切る自信はありません。

私にキス釣りを教えてくれた指揮者も、やはり同様でした。「あのブルブルはたまらないですね」と話す私に被せるように「ブルブルどころじゃねえだろう。ドーンだろ、ドーン！」と立ち上がらんばかりの勢いで、音楽家らしい激しさで語りました。

つまりは、そういうことなんですよね。楽しくてワクワクすれば、声は自然に高まる。声が低くて暗いということは、気持ちが高まっていない証拠。だからコミュニケーションがどんよりしてしまう。

何かを提案された人が「そうなんですか」と答えたとして、その声が低かったら乗り気ではなく、高めだったら乗り気になっている、と判断できます。

自分の話し声を低くて暗いと感じるなら、ピッチ（音高）を高めて話すトレーニングをしましょう。

「声が低いのを直したい」というご相談はよくあるのですが、意外なことに「高めで話す努力」をしている人は少ない。

おもしろいですよね。笑顔が少ないと自覚したら笑おうとするだろうし、変な口癖に気づいたら減らそうとするでしょう。

なのに、「声が低くて暗い」と自覚したり指摘されたりしても、「高めのまま話し続ける努力」をしようとしない。

あたかも、声の高さが自分の意思ではなく勝手に決まってしまうと信じているかのように。

だから、魔法のようなアドバイスで声の高さがスパッと変わると期待しているのかもしれません。

しかし、そうはいきません。まずは意識的に高めてみてください。

「声が低い」という悩みに対して「高く出して」という回答では、答えになっていないように思うかもしれませんが、「意識的なピッチのコントロール」が入り口です。

大事なのは、一瞬だけ声を高めるのではなく、ずっと高めをキープして話し続けること。

しばらく沈黙のインターバルを挟んでも、次回に話し出すときはまた高めでスタートする。

ピッチを高めるには、声帯を引っ張る筋肉を鍛えなければなりません。筋肉を甘やかしているから、声が低いのです。

筋トレだと思って、高めで話し続けてみてください。

甲高くなるほど張り上げる必要はありません。「気持ち高め」で十分です。「気持ち高め」というキーワードを覚えておきましょう。

聞き取りやすい話し方にもなるので、一石二鳥です。

Q

「くぐもった声」のせいで、何を言っているのか聞き取ってもらえません

「口の中」をしっかり動かしましょう

「くぐもった声をなんとかしたい」というご相談もあります。くぐもった声は、口の中にこもって前に出てこない、言葉も不明瞭になりがちです。

「低くて暗い声」とも関連がありますが、まったく同じではありません。その証拠に、くぐもった声で話している人が、声の高さだけを変えても、スッキリ明瞭な話し方にはなりません。

くぐもった声を直すには、「口の中をしっかり動かす」ようにします。「中」がポイントです。

「口を動かして」と言われると、口の一番外側の「唇」ばかりパクパク動かしてしまうのですが、これでは言葉がかえって不明瞭になります。

口の奥を動かさないように固めておいて、唇ばかり大きく動かすと、ピチャピチャした印象の話し方になるでしょう。

外国で「日本人の話し方はピチャピチャしてうるさい」と嫌われてしまうのは、まさにこの話し方。

「おしゃべり」を意味するオノマトペ（擬音語、擬態語）に「ぺちゃぺちゃ」「ぺちゃくちゃ」があることから、この感覚は私たち日本人自身にも以前から自覚があったと思われます。しかも不快な感覚として。

むしろ逆に、唇はあまり大きく動かさずに（ただし固めずに）、口の内部をしっかり動かして母音の区別をしようとしてみてください。

それでもまだくぐもった声に聞こえるなら、声が奥まっていると考えられます。「歯でしゃべる」つもりで、前のほうで声を出しましょう。

Q

ハスキーボイス（嗄声《かれごえ》）がコンプレックスです。
直せるのでしょうか？

ハスキーボイスは「ジラーレ」で直せます

ハスキーボイスを改善するのは、「声帯の使い方」の改善なので、ちょっとしたコツが要ります。

「声のポジションを持ち上げて、回すように前へ出す」のです。

声全体を上に持ち上げるようにしてから前方へ向けると、全体として「回す」ような動きになりますね。声楽で「ジラーレ」（イタリア語で〝回す〟の意）と呼ばれるテクニックです。

声帯は本来、ぽってりとした健康な粘膜を持ち、ぴったり閉じた状態でいい声（喉頭原音）

が出る構造をしています。

「ぴったり閉じた」の感覚が人によっては難しく、わずかに隙間があいてもよくないし、ぎゅっと締めつけすぎてもよくない。

ちょうどいい閉じ具合で、ちょうどいい喉頭原音が生まれます。

ハスキーボイスは、声帯が閉じ切れず、隙間から空気が漏れている状態です。カラオケで歌いすぎるとハスキーボイスになるのは、声の出しすぎで声帯が腫れ、ぴったり閉じなくなっているからです。

以上のメカニズムを知ると、「たとえ声帯が健康なままでも、声帯がぴったり閉じなかったらハスキーボイスになってしまう」理由がお分かりいただけると思います。

ところが、私たちは誰でも、生まれてから声帯操作を教わりはしません。どうやれば声帯が閉じ、どうやると声帯が緩んでしまうのか、教わることなく、つまり正解を示されることもなく、多くは母親の真似をしながら発声を身につけていきます。

なんとなく身につけた、習慣としておこなっている声帯操作なので、今さら「しっかり閉じて」とか「ぎゅっと強く閉じすぎ」などと指摘されても、改善の仕方が分かりません。

そこで、「回す」というイメージを使って声帯の使い方を改善していきます。

声全体を上方へ持ち上げるようにして（ポジションを高くする、といいます）、さらに前へと回して出すようにしながら、声に混じる空気漏れのノイズが減る方法を探してみてください。

「いい発声」と「現状の発声」の違いが見つかれば、成功です。

Q

「キンキンうるさい」とよく言われます。どうにかなりませんか？

原因は「アタック」か「アクセント」

キンキンと耳に痛い声を改善するには、ポイントが2つあります。

①アタックが強すぎる
②高アクセントが裏返る

アタックとは、音の出だしの感覚です。打楽器のように音の頭が強く、それ以降は急速に小さくなる（減衰音）のが強いアタックの特徴です。

出だしが固く聞こえる特徴もあります。

楽器でいうと、ピアノはアタックが強く、フルートは弱い。

声の出だしが強くなりすぎると、押しつけがましく、うるさく聞こえます。

出だしを丸くするように丁寧に話そうとするだけで、アタックの強さは改善できるものです。


問題は、「②高アクセントが裏返る」発声です。

日本語は高低アクセントの言語なので、ピッチの高低差を確保する必要があります。

「箸」なら最初を高く2番目を低く、「橋」なら最初を低く2番目を高く発音して意味を区別します。

高低差があいまいだと、意味の区別があいまいになって、いい話し方になりません。

いい話し方の最優先事項は、「伝わる」ことですから。

だからといって、高アクセント（高い音）を高くしすぎると、裏声に近くなって、耳障りな声になりがちです。

試しに、「箸」の出だしを思いっ切り高くして、しかも裏声気味に発してみてください。出だしの「は」だけを限界まで高めて裏声にして、次の「し」はしっかり下げるのですよ。耳にうるさいだけでなく、どこか気が強そうな話し方になったでしょう。

このように、高アクセントでキュッと裏声気味の高い声を出す癖がある場合は、極端に高低差をつけず、落ち着きを感じさせる音程の取り方をしてみてください。

Q

声に芯がなく、いつも力のないふわふわした喋り方になってしまいます……

共鳴を集め、〝ピーン〟を作りましょう

共鳴の力の見せ所です。「イ」母音を使ってピーンの感覚をつくる練習をしましょう。

「ピーンの感覚」とは、CHAPTER3では取り上げていない高度な共鳴感覚なので、少し説明を追加します。

細い「ウ」の口で「イ～」と伸ばしながら、唇と舌で作られる空間をどんどん狭めていくと、「ユ」に近い声とは別に、はるかに高い音がピーンと同時に鳴っている感覚が得られます。

おそるおそる試すのではなく、思い切って高めの声で音量もしっかり出してみると、感覚

がつかみやすいでしょう。

モンゴルのホーミーという歌唱法をご存じの方は、イメージがつかみやすいかもしれません。発声法としてはだいぶ違って、ホーミーは喉に相当な負担をかける特殊な発声ではありますが、「別の音が高いところで鳴っている」感覚はイメージしやすいでしょう。

ユッシ・ビョルリンクやチェチーリア・バルトリなど、声楽家の中でも倍音が豊富な歌手は、同じように基音の上に別の高音が鳴っているように聞こえます。

話し声では、基音の高さと出力の関係で、歌声のように「ピーンの感覚」を保ちながら話し続けることはしませんが、発声技術として身についていると、きわめて小さなエネルギーで十分に通る声を出すことができます。

高めの声で「ピーンの感覚」が（なんとなく、でもいいので）つかめたら、話声位《わせいい》（話し声の高さ）でその感覚を維持しながら話す練習をしましょう。

漫才師の鳳啓助さんやお笑いタレントの出川哲朗さんの声をイメージして、真似をしてみると、狭い部分をつくって共鳴を捉える感覚がつかめるかもしれません。

喉で押して無理やりつくるのではなく、「ところてんの棒を押して先端からところてんを出す」ように、お腹を下のほうで使って、声を上のほうでつくります。

もっとも、こうして特定の芸能人や歌手の名前を挙げるのは、ざっくりとイメージが捉えやすいメリットはありますが、「どの部分を指して例示しているのか」が伝わらず、なんとなく雰囲気を真似して分かったつもりになってしまうデメリットもあります。

また、声はトレーニングや加齢によって変化するので、「○○さんの声はいい声」と紹介しても、ずっといい声を出し続けてくれる保証はないし、仮に「××さんの声はよくない」と——そんな失礼な取り上げ方はしませんが——指摘したとして、数年後には共鳴発声法をマスターしていい声になっている可能性だってあります。

有名人を例にしていい声や悪い声を理解しようとしないで、あなたの声そのものと向き合って丁寧にトレーニングしましょう。

Q

「だみ声」です。
きれいな声に変えることはできますか？

リラックスすることが肝心です

ハスキーボイスに似た印象もありますが、粗くガラガラになり、繊細さのない太く濁った声になると、だみ声と呼ばれます。

魚市場の競りをイメージすると、分かりやすいでしょうか。声帯まわりに力が入って喉を詰めたような発声です。

余分な力を抜いて、無理に押しつけないように、楽に声を出しましょう。

喉や声帯まわりだけでなく、肩や首にも力みがありませんか？

発声にとって、無駄な力みは百害あって一利なし。ゆったりとリラックスしましょう。

早口で勢いよく話そうとするとどうしても力みがちなので、しゃべり始める前にゆったり落ち着いて、やわらかくハミング（口を閉じたまま鼻から息を抜いて発声）をして喉の力を抜き、その喉のまま話すようにすると、だみ声が軽減するはずです。

大事なのは、「声は習慣」と知り、少し無理してでもだみ声を出す習慣を断ち切ること。

照れや偽悪的な気持ちからか、身近な人と話すときほどわざと変な声で話す人がいますが、発声の面から見ると実にもったいない。声帯など発声器官には、出した声の癖が残るからです。

声はコミュニケーションなので、場に応じて「いい声」「悪い声」も変わりますが、変わらない基本はあります。「発声器官に無理がかからない楽な発声」はそんな基本のひとつです。

リラックスして喉の力を抜き、楽に話しましょう。

Q

滑舌が悪いせいで、思ったように話せません……

「唇」で話していませんか？

発音が不明瞭な場合、「口の中」がしっかり動いていないことが原因です。

口をはっきり動かそうとして、唇が大きくぱくぱく動くのは逆効果ですから、唇は気にせず、口の中をしっかり動かすように心がけてみてください。

『外郎売《ういろううり》』や早口言葉の練習も、適切な調音（構音とも。言語音を作ること）のトレーニングに役立ちます。

『寿限無《じゅげむ》』をスムーズに言えるように何度も繰り返したり、明瞭な発音を意識しながら「あめんぼの歌」を練習したりするといいでしょう。
ただし、スピードは目的ではありません。スピードを求めると、気ばかり焦ってかえって不明瞭な話し方になりやすい。「早く言える」よりも「ナチュラルスピードではっきり発音できる」状態を目指しましょう。

寿限無

寿限無　寿限無　五劫《ごこう》の擦り切れ　海砂利《かいじゃり》水魚《すいぎょ》の水行末《すいぎょうまつ》　雲来末《うんらいまつ》　風来末《ふうらいまつ》　食う
寝る処に住む処　藪《やぶ》ら柑子《こうじ》のぶらこうじ　パイポパイポ　パイポのシューリンガン
シューリンガンのグーリンダイ　グーリンダイのポンポコピーのポンポコナーの
長久命《ちょうきゅうめい》の長助

あめんぼのうた

あめんぼ赤いなあいうえお　浮《う》き藻《も》に小エビも泳いでる
柿の木栗の木かきくけこ　キツツキコツコツ枯れけやき
大角豆《ささげ》に酢をかけさしすせそ　その魚《うお》浅瀬で刺しました
立ちましょラッパでたちつてと　トテトテタッタと飛び立った
ナメクジのろのろなにぬねの　納戸《なんど》にぬめってなにねばる
鳩ポッポほろほろはひふへほ　日向《ひなた》のお部屋にゃ笛を吹く
まいまいネジ巻きまみむめも　梅の実落ちても見もしまい
焼き栗ゆで栗やいゆえよ　山田に灯《ひ》のつく宵《よい》の家
雷鳥寒かろらりるれろ　蓮華が咲いたら瑠璃の鳥
わいわいわっしょいわゐうゑを　植木屋井戸換えお祭りだ

人によってはイラッとされてしまう「鼻にかかった高めの声」が悩みです

「鼻声」とは正反対のことが起きています

甘えたような、鼻にかかった声は、「鼻から息が漏れている」のが原因です。
日本語では、ナ行とマ行と「ん」(と鼻濁音のガ)の鼻音を除いて、鼻から空気が漏れる発音はありません。
「あ～」と伸ばしながら鼻をつまんだり離したりしても、音の印象は変わらないでしょう。鼻から空気が出ていないので、鼻を閉じても影響がないのです。
これに対し、「ん～」で鼻をつまんだり離したりすると、そのたびに音が止まったり再開したりとおかしなことになりますね。「ん」は鼻音といって、鼻から空気が出る音だからです。

鼻にかかった声は、いわゆる「鼻声」とは違います。

鼻声は、風邪を引くなどして鼻が詰まったときの声、つまり、ナ行やマ行なのに鼻から空気が出せないときの声を指します。

「鼻紙持ってきて」が「ハダガビボッテキテ」になるのは、鼻から空気を出すべきナ行とマ行がダメージを受けているからです。

鼻が詰まった鼻声とは逆に、鼻にかかった声は鼻から空気が漏れています。解剖学的にいうと、喉の奥の口蓋帆《こうがいはん》（先端に口蓋垂《こうがいすい》が付いている）が垂れ下がり、肺からの空気を鼻腔側へ逃がしてしまっている状態です。

甘え声で「ね〜え」と言いながら、鼻をつまんだり離したりしてみてください。音が変われば、鼻から空気が漏れている証拠です。

改善するのは、簡単ではありません。なにしろ、声楽科の学生ですら「鼻にかかっている」と指摘されても、すぐには直せないくらいです。

ちょっと難しいのですが、「ま～」の出だしで鼻から空気が漏れている感覚をつかんでから、逆に空気が漏れていない「あ～」との違いを体で覚え、交互に発しながら自由自在に口蓋帆を操作できるようになるのが、遠回りのようで一番の近道です。

フランス語は鼻から空気が漏れる「鼻音」を多用するので、口蓋帆の操作はお手のものですが、日本人にはなかなか難しい区別なのでしょう。

Q

大事なプレゼンのとき、「緊張で声が高く」なります。応急処置はありませんか？

「横隔膜を下げる」と落ち着ける

緊張で声が上ずると、ますます緊張してしまいますね。

自分の声が上ずって不安定になっていると、「アガっていることは自覚しているのに、どうしようもない」状態に陥ります。

そんなときは、「横隔膜を下げる」ことで落ち着きを取り戻しましょう。

そもそも「アガる」とは、横隔膜が「上がる」状態を指します。無理やりにでも横隔膜を引き下げれば、多少なりとも事態は改善します。

「とにかくしゃべらなきゃ」とばかりに言葉を発し続けようとすると、余計に緊張感が強まってしまうので、いったん黙りましょう。

黙る勇気が持てれば、仕切り直しができます。

お腹の下のほうまで深く息を吸おうとすれば、横隔膜は自然に下がります。

ただし、息を吸いすぎると「胸いっぱい」の状態になって、緊張状態の体を作ってしまうので、「適度に吸う」ように気をつけます。

Q

話している途中、「息が続かない」ことがあります。どうしたらいいでしょう?

「発声効率」を高めることが大事です

息が続かないのは、肺活量のせいではありません。発声効率のせいです。

空気漏れの多い嗄声（かすれ声、ハスキーボイスなど）で息が続かないのは、当然です。声帯をちゃんと閉じて、空気の無駄遣いをしないようにすれば、必死に息を吸い込まなくても大丈夫。

普段のしゃべりで息が続かないということは、まずありません。

では、空気効率のいい発声にできるのでしょうか。

尖った鋭角の天井をイメージして、最も高い位置にできるラインに沿って声を前へ動かしていくようにイメージすると、声帯の使い方が改善して発声効率がよくなります。

基本的にはハスキーボイスの矯正法（ジラーレ）と同じですが、「鋭角の天井に集める」感覚をさらに強めると、うまくいきます。

また、横隔膜の押さえが利いていないと、肺の中の空気をあっという間に押し出してしまいます。呼気のコントロールを身につけるうえで、吸い込んだ空気をゆっくり時間をかけながら吐いていくトレーニングは有効です。

Q

商談前、なんだか声が出ません……
すぐになんとかできませんか？

「あくびを噛み殺す」で直せます

プレゼンやスピーチ、営業の商談前などに、なんとなく声が出づらいときがあるとのご相談をよく受けます。

原因はおそらく、ウォーミングアップ不足で喉が詰まっているか、発声法が少しズレてしまっているから、と考えられます。

私たちはもともと発声用ではない器官を発声のために借用しているので、油断していると喉が詰まったり咽頭がこわばったりして、声が出づらくなってしまうのです。

発声を教えている私でさえ、油断すれば喉が詰まるのは、生きた肉体を持つ者として同じ条件です。人前で話す直前なのに移動の車中で「どうも気持ちよく声が出ないな」と感じる日もあります。

そんなときは、声帯を傷めでもしていないかぎり、応急処置のような方法があります。それは、あくびを噛み殺して咽頭腔（口の奥）をこじあける方法。

口の奥のストレッチのつもりで、強めのあくびを噛み殺しましょう。何回か繰り返すと、だいぶやわらかく、縦にひらきやすくなるはずです。

ただ、がんばらずに楽に声が出ている状態になったとしても、まだ油断はできません。私たちの体は発声に関しては怠けたがるので、軽く起こしたくらいでは元に戻ってしまいます。まるで二度寝に入ってしまうかのように。

起きた状態をしばらくキープして目覚めさせるために、できれば、その声で「1分間朗読」をしましょう。

3m前方にいる相手に聞かせる相手をイメージしながら行うのがポイント。110ページで取り上げた『走れメロス』の冒頭、「都の大路をぶらぶら歩いた」あたりまで読むと、だいたい1分ちょっとになるはずです。

1分間ずっと3m前を意識して、しっかりした声を出し続ければ、声が目覚めます。

発声指導者も活用している、即効性のあるテクニックでした。

届く声を活かす「話し方」にはコツがある

CHAPTER 5

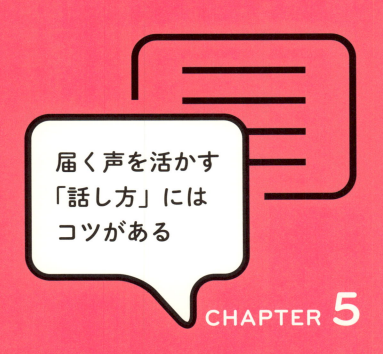

01

いい声を手に入れることと、実際に「使う」ことは別物

いい声が出せるようになったからといって、普段からいい声で話せるようになるかというと、そう甘くはありません。

分かりやすい例を挙げるなら、あがり性。

あがりやすい人が人前に立って緊張したら、せっかくの発声法が駆使できず、かつての弱々しく上ずった声に戻ってしまうかもしれません。

発声法を学ぶのであれば、もう少し広く「話し方」全体に目を向けると、声を活かす話し方によってさまざまなメリットを手に入れることができるでしょう。

実際、「声」と「話し方」はたいてい同じ場でトレーニングされています。

言語戦略研究所では「言葉」の運用に関わる領域として、声も話し方も研究対象としています。

話し方スクールである「ボイスアカデミー」や発声指導者養成機関「音色塾」でも、発声

のみの指導ではなく、「話し方の中の声」という位置づけで発声の指導がおこなわれています。

というより、純粋に「音としての声」のみの指導が無理なのです。

意味を持たない音「あ〜」「お〜」だけの練習をしても、実生活での発声とは隔たりがあって、声の活用が難しいでしょう。

挨拶や朗読などで言葉を使えば、純粋な声ではなく「話す」という行為になります。

つまり、発声法を学ぶということは、すなわち話し方を学んでいるということです。

いい声を出す「能力」があっても、実際にその能力を活かして「いい声で話す」生活をしているかというと、そうとはいえない人がたいへん多い。

「歌手の話し方」に注目すれば、理解しやすいのではないでしょうか。

ピーンと通る声で歌う歌手が、トークになると別人のように頼りなくこもった声で話したり、美しく澄んだ声で歌うソプラノ歌手が、普段はだみ声に近い声を出したりするケースは、めずらしくありません。

「話し声と歌声は違うのでは？」と思うかもしれませんが、発声の基本は同じです。

海外のオーディション番組で「しゃべりは普通の声だったのに、歌いだしたら神々しい美声」などと話題になることがありますね。

もったいない気がします。ギャップで驚かせたいからわざと「オバサンっぽいしゃべり」にしているのであれば、それはそれで芸のひとつなのでしょうけれど、日常生活で歌っている時間よりしゃべっている時間のほうが長いはずですから。

歌声は懸命に磨きをかけてきたのだから、話し声の音域までトレーニングしたうえで、「いい声で話す」練習をすれば、「しゃべりの段階からスゴイ」に変わります。

02

声はいいのに、話し方でソンしてしまう人の特徴

共鳴発声法によって声が改善しても、早口、表情、奇妙な口癖など、広い意味の「話し方」のせいで損をしてしまうことがあります。

例えば、早口の人は、「間のない話し方」という特徴も兼ね備えることが多い。ノンストップでバーッとしゃべり続けるのは、落ち着きがなく、自己中心的で協調性がないように感じられます。

また、アイコンタクトがなく、目をそらしたまま話していると、声はよくても自信がなさそうに見えて、いい印象を与えません。

ほかにも、言い出しに必ず「あの～」がついたり、逆接ではない「でも」でしゃべり始めたり、「〇〇だ、と」「私って〇〇な人じゃないですかあ」「ガリガリやってよ」のような独特な言い回しや表現を多用したりすると、気になった相手にはストレスとなり、一回一回はごく小さなストレスでも、頻繁に繰り返されるとダメージを溜めてしまいます。

つまり、いくら「いい声」を手に入れても、その声を活かせる「話し方」ができていないと、声による効果は薄くなってしまうのです。

発声法によっていい声を身につけつつ、その声を最大限に活かせる「話し方」で声の効果を発揮しましょう。

03 声の出し方ひとつで、「相手との距離感」をコントロールできる

声の出し方によって、仲良くなったり距離を置いたりと、相手との距離感をコントロールすることができます。

キャッチボールをしているシーンを思い浮かべてください。

相手との距離が遠い場合、強めのボール（ガンガン通る声）を投げる必要があります。距離が近ければ、下手投げでやわらかいボールも投げられます。

「**距離によって、必要な声が決まる**」わけです。

逆もまたしかり。相手が近めのときに、強いボールをガンガン投げ込んだら、相手は少しずつ後ずさって、いつしか距離がひらいているはず。つまり、「声によって、距離感が決まる」のです。

声も同じです。**充実した通る声を出せば、いわゆる社会的距離が維持され、ビジネスにふさわしい距離感になります。通らない声は距離を近づけ、親密な関係になります。**

「だったら通らない声のほうがいいのでは？」と思いましたか？

ところが、ビジネスの場で距離感を誤った声を出すと、信用に関わります。職場で「上司に取り入るのが上手」と女性社員みんなを敵に回す女性は、「声の距離感」を誤って甘えた声を出しているケースが多い。

ビジネス会話ではある程度の「通る声」によって、適切な「プロフェッショナルな関係」を保つのが好ましいでしょう。

しかし、プライベートでも常に「通る声」を出していたら、仲良くなることはできません。モテる人は、距離感の近い声を上手に使っています。耳元で囁くべきタイミングで、張りのある堂々とした声を発してしまい、チャンスを逃したらもったいない。

特にビジネスでは、「仕事がやりにくい」「圧迫感を覚える」といった「近すぎる距離感」にならないように、声によって意識的に距離感のコントロールをすることができます。

距離を保ちたいなら、芯のある通る声。距離を縮めたいなら、あえて通らない、ソフトな声。目指す関係によって声を使い分けましょう。

04 シチュエーション別・成果を引き出す声と話し方

プレゼン

プレゼンをするときは、伝えたいメッセージを相手に確実に受け取ってもらう必要があります。

「声が聞こえない」プレゼンは、聞き手の聴覚に負担を与えて「聞く気」を削ぎますから、十分な声量（届く声）を確保しましょう。

「聞く耳を持ってもらう」ために、言葉の選び方や並べ方が分かりやすいか、魅力的か、相手のメリットを明示しているか、といった観点で原稿をチェックする必要もあります。

「一対多」のプレゼンが多いので、視線の移動や語りかけテクニックは普段からの練習が欠かせません。

「視線移動はZ法」が基本です。次に紹介する「一人一文」の原則と併せて運用できるように、リハーサルの段階でイメージトレーニングをしておきましょう。

最後列の端の人を見て、一文（ひとかたまり）を話したら、最後列の反対端の人に視点を移して、また一文（ひとかたまり）を話します。

次は最前列の反対の端へと対角線を移動して、また一文。次は最前列の反対側へと移動して……という具合に話していくと、「Z字」を描いて視線移動することになりますね。

「会場全体を網羅し、頂点でちゃんと止まる」のが原則なので、Z字でなくても、MでもNでもいいのですが、Sではない、ということです。なんとなく視線を泳がせるのは、説得力に欠ける、自信を感じさせない話し方になってしまいます。

十分な声量で、一人一文ずつのZ法。これがあなたのプレゼンをワンランクアップさせてくれるはずです。

面接

面接では、**快活さを印象づけるために「わずかにスピードアップ」して話すのがお勧めで**

す。特にここぞというポイントでは、最後に「っ」をつけて話す感覚が有効です。「はいっ」「ですっ」という感じですね。

面接は、わずか数分で人物を評価されてしまう、たいへん厳しい場面です。

それだけに緊張も強いのですが、「常日頃の準備」こそ最大の武器です。

「普段の自分がそのまま出る」と思って、普段の生活をトレーニングとしましょう。

いつも乱暴な話し方をしていながら、面接本番だけ丁寧な敬語できちんと話そうとしても、違和感が相手に伝わってしまいます。

面接で特に大事なのは、アイコンタクトです。目の力は異様なほどに威力を発揮します。

アイコンタクトの時間を普段の会話より長く取るのがコツですが、「見上げない」「見下ろさない」ように顔の角度に気をつけて、目をいつもより大きめにあけましょう。

目をひらくのは、「隠し事はありません」とさらけ出す気持ちを伝えます。

「目力だけで最終面接まで勝ち残った」と豪語する猛者もいるくらい、目が相手に伝えるメッセージは膨大です。

「誠意」「やる気」「あきらめない粘り腰」を目で伝えましょう。

キラキラした目で「はいっ」ですよ。

電話応対

音声のみのコミュニケーションでは、まずは「聞き取りやすさ」を確保しましょう。**口元の電話に向かって声を当てようとすると、言葉が明瞭になりません。電話のことは忘れて、目の前にいる相手と会話をするように声を出すと、うまく伝わります。**

ところで、電話に出た途端、声の大きさと高さをガラリと変えていませんか？

最近は少なくなりましたが、ひと昔前の人は電話に出ると声を張り上げ、裏返るくらい高い声でしゃべりました。そうしないと声が聞こえにくい程度の電話機の性能だったからです。

今の電話機は、小声や囁き声でも余裕で拾いますから、「普通に会話をする」発声で十分です。

相談・お願い

相談に乗ってもらいたいなら、「ぶつからない声」と「自己開示」です。

ぶつからない声とは、別名「ストロークボイス」といって、やわらかく接する発声をいいます。

ストローク（stroke）とは「撫でる」の意味で、つまり犬や猫を撫でる感覚の声がストロークボイスです。

猫を撫でながら、強い声は出しませんよね。幼児に向かって声をかけるときも、自然にやわらかい声になるでしょう。

それがストロークです。

必要に応じてこの発声ができる人は、他人と無駄に摩擦を起こさないので、人間関係がうまくいくと言われています。

クレーム対応の初期段階はストロークボイスで応じないと、火に油を注いで問題が大きくなります。

ストロークボイスはそのやわらかさゆえに、相手とぶつからず、受け入れる姿勢を表します。

つまり、相談をしてアドバイスをもらったときに、どんなアドバイスであっても「受け入れる」姿勢であるわけです。

何かを相談してアドバイスをもらっておいて、「参考にさせていただきます」では、もう二度と相談には乗ってくれないでしょう。

実際に受け入れられるかどうかは別にして、頼む段階では受け入れ態勢を示さないと、話を聞いてはもらえません。

受け入れる姿勢と同様に大事なのが、2つ目のポイントである「自己開示」です。

何に困っているのか、何をしてほしいのか、伏せることなくさらけ出して、相手に委ねましょう。

一部の情報しか見せずに、「だからこうしてほしい」とだけ伝えても、相手は十分な判断ができない場合があります。

自己開示とは、「相手に構わず自分が話したいことを話す」行為ではありません。

相手がほしがる、相手に役立つ、相手が知っておくべきであろう情報を、伏せることなく提供するのが、ここでいう自己開示です。

「自己開示をしたら、余計な話は要らないと叱られた」と困惑していた方がいましたが、だとしたら適切な自己開示になっていなかったと思われます。

「相手が必要とする情報提供になっていなかった」「自分の都合で自分の言いたいことを並

べた」になっていなかったかと見直してみましょう。
相手本位はコミュニケーションの基本です。
ストロークボイスと自己開示で、きっと知恵を貸してもらえます。

説得・交渉

説得や交渉というと、「相手を思いどおりに動かす」「こっちの希望を受け入れてもらう」ための行為と思いがちですが、むしろ「思惑の調整」と捉えるとうまくいきます。

基本の話し方は、急がずゆっくり。商品やサービスについて相手よりも自分のほうが情報を多く持っているので、つい早口になりがちですが、**早口で売り込まれると「言いくるめられる」ように危機感を抱かせてしまいます。**

双方にメリットがある「Win-Win」を意識すると、交渉力が高まるでしょう。ひたすら自分の希望を通すために相手を言いくるめたり逃げ場のないところへ追い詰めたりするのは、賢明な交渉ではありません。

そのためにも、一方的に話すのではなく、相手の希望や都合を聞く必要があります。

「**7割聞いて、3割話す**」くらいが適切とされています。

謝罪

謝罪は話し方の中でも、特にデリケートな場面です。

謝罪を成功させるためのモットーは「誠実さ」。誠実に、相手への回答を用意して謝罪に臨みましょう。

頭を下げるなら、アイコンタクトを外してしっかり目を伏せる必要がありますが、相手が話し始めたらしっかり目を見ます。

文化によっては「相手の目を見ないのが礼儀」とされているケースもありますが、日本の社会ではしっかりと相づちを打ちながらアイコンタクトをキープして聞くのが誠実な姿勢と受け取られます。

本人はいくら反省しているつもりでも、黙って俯《うつむ》いているのは反抗的態度にしか見てもらえません。

また、問いかけには必ず返事や反応をしましょう。

こういった「謝罪の基本」を外してしまうと、穏やかだった相手がいきなり激怒して怒鳴ったり、急に立ち上がって机を蹴ったりと、状況を悪化させかねません。

発声で気をつけるポイントは、「丁寧に」、この一点だけです。

体育会系的な「申し訳ありませんでしたあ！」と声を張り上げるのは、通用する場面も無くはないのですが、非常に限定的です。

本気で心から「申し訳ないことをした。私が悪かった」と反省していたら、張りのある大声は出ないし、急激な動作のお辞儀もできないものです。

丁寧な発声といっても、ゆっくりとした話し方にはなりません。自分の中にある「申し訳ない気持ち」をまるごと相手に渡したい、と思うと、早口気味にすらなるでしょう。

また、心から申し訳ない気持ちが発声に反映されると、声は自然に低めになります。

このような原則から外れた謝罪をすると違和感を与えてしまい、「本当は悪いと思っていないだろう」「態度が反抗的だ」などと思われて、逆効果になってしまいます。

叱る・注意する

「本人しかいないところで、スパッと短く叱る」がコツです。だらだらと1時間も叱られたら、どんなに誠実で前向きな人だってイヤになってしまうでしょう。

「ゴミはここに捨てないとダメでしょ」みたいな軽い注意なら、ほかの部下もいる場所で叱って全体への注意とするのも有効ですが、「これ以上遅刻が続くと、処分を考えなければならない」のような重い叱責は、本人しかいない場所でおこなうほうが安全で、素直に受け取られやすい。

声の質は必要に応じて強く厳しいものになりがちでしょう。しかし、厳しい叱責が必要だと判断された場合であっても、長々と強い声を出すことなく、最後は前述のストロークボイスで熱を冷ましましょう。

特に、「ダメな理由」「今後へのアドバイス」の段階に移ったら、静かに淡々と話すほうが効き目があります。

強すぎる声はいけません。私たちの体には、強い刺激に対しては感度を落として防御し、弱い刺激に対しては感度を高めて受け取ろうとする機能があります。

だから強すぎる声では、強すぎる指圧と同じでガードされてしまい、「入っていかない」のです。

部下がいる方は参考にしてみてください。

やる気にさせる

やる気を出させたいなら、やはり「褒める」が基本ですよね。けなされたり叱られたりして奮起する人ももちろんいますが、少数派もいいところ。むしろ例外的と思ったほうがよさそうです。

また、何らかの行動を促すなら、相手にとってのメリットが言語化されていると、行動が起こりやすくなります。

・本気で褒める

・理由（褒める根拠）を添える
・相手のメリットを示す

この三拍子が揃った対応をされると、人はやる気になります。

褒める場面でお勧めしたい声は、「芯のある声」です。

ふんわりした声でやわらかく褒められても、相手は確信が持てません。

驚きなどの感情をあえて抑えることなく、芯のあるしっかりした声で褒めましょう。

05

「カクテルパーティー効果」を人為的に発生させるコツ

「届く声」には、聴覚が持っているさらに不思議な能力も関係しています。

大勢が集まっておしゃべりしている宴会や立食パーティーのような会場で、ふと特定の人の声が耳に届く経験はありませんか？

好きな人の声だったり、自分の名前だったり、気になっていた話題のキーワードだったりが、まるでその言葉を選んでキャッチしているかのように、騒々しい中でポンと飛び込んでくる。

さらに、そちらへ意識を向けて「聞き取ろう」と試みると、集音マイクを向けているかのように、ある程度は聞き取ることができる。

私たちの耳にはそういう不思議な機能があって、「カクテルパーティー効果」(心理学者コリン・チェリー氏による)と呼ばれています。

カクテルパーティー効果は、なぜ起こるのでしょうか。その言葉だけを発話者が大声で発しているわけではないし、周囲の騒音で目の前の人との会話にも難渋するのに、後ろのほうからポンと投げ込まれるように聞こえてくるのは、受け手側の意識と脳の働きによるものです。

私たちは、キャッチした音をすべて平等に扱っているのではなく、不要な音を無視したり、完全にはキャッチできていない音を脳内で補完したりして、必要な情報だけを再構築していると考えられています。

たとえば、前方から聞こえた声は無視して、右斜め後方から聞こえる声だけを処理したり、「高めの声で」「かすれ声で」話している声だけを聞き取る。

オーケストラの演奏を聴いて、特定の楽器だけを追い続けられるのも、カクテルパーティー効果のおかげです。「あの位置から聞こえてくるトランペットの音」と分かっているから、ほかの楽器が大きな音を出している中で、トランペットだけを捉えていられるのです。

位置や音質、高さなどの差異がはっきりしなくなると、カクテルパーティー効果が働かなくなります。録音した音声は位置情報があいまいになるので、パーティー会場の様子を録音した音声では、特定の人の話し声を捉え続けることはできません。

スピーチを録音して聞いてみたら、主役の声と周囲の人たちの私語が対等な存在感で聞こえた経験があるかもしれません。食器が立てる音や足音もやけに大きく聞こえるものです。

聞き手の聴覚が持つ機能ゆえに起こるカクテルパーティー効果ではありますが、話し手の工夫によっては意図的にカクテルパーティー効果を引き起こして声を届けやすくすることができます。

周囲に埋もれない周波数（高さ）で話す。声量を少しアップする。相手の関心が高い言葉（相手の名前、好きな話題など）を頻繁に口にする――といった工夫で特定の相手に対して声が届きやすい状況を作ることができます。

もちろん、「かき消されにくい、共鳴の豊かな声を出す」ことでカクテルパーティー効果が高まるのは、言うまでもありません。

06 話し方のタブー「あの～」「え～」の意外な効用

聞こえなかった声を脳内で補う機能（カクテルパーティー効果）とも関連するテクニックです。

「このくらいの声量、このくらいの高さで話す」ことを相手にあらかじめ伝えておくと、部分的に聞こえない言葉があっても脳内で補ってもらいやすくなります。

「知っている音」は聞き取りやすいのです。

これから話す自分の声について、音の三要素（大きさ、高さ、音色）をあらかじめ知っておいてもらう、と考えるといいでしょう。

ホルンの経験者は、オーケストラの演奏を聴いていて、ホルンの音を容易に聞き取ることができます。聞き取るというより、ホルンの音が向こうから飛び込んでくる。

しかし、ホルンを吹いたことがない私には、「ホルンの音を聞き取る訓練」をしないとうまく聞き取れません。

アコーディオンが好きな私は、街を歩いていて、あるいはふらりと訪れたカフェでアコーディオンのBGMが流れていると、すぐに気づいて「ああ、アコーディオンはいいなあ」としみじみ聴き入ります。

しかし、多くの人にとってアコーディオンの音は「よくあるBGMの音」に過ぎないので、アコーディオンとは認識せず、ただ聞き流しているようです。

このように、聞き手にとって「聞く準備ができている音」は聞き取りやすい、つまり通りやすい。

聞き手に「聞く準備」をさせれば、あなたの声は届きやすくなる、ということです。

実は私たちは無意識のうちに、「聞く準備」をさせるための行動をしていることをご存じですか？

話しかけるときに「あの、すみませんが」と前置きをする、あれです。

いきなり話しかけるのは無礼だから、という理由もありますが、「あの、すみませんが」に続けて話す本題も、だいたい同じ調子（声量や速さ）で話す理由を考えれば、深層心理には別の理由もありそうと気づくでしょう。

つまり、「これからこんな感じに話すので、聞く準備をしてください」という意図があるわけです。

簡単な実験で確かめることができます。前置きなしに、聞こえるか聞こえないかという小声でいきなり何か質問をしてみると、「えっ？」とたいてい聞き返されます。

ところが、聞こえるか聞こえないかの小声で先に「あの〜、すみませんが、ちょっと質問してもいいですか」と前置きしてから同じ質問をすると、ちゃんと答えが返ってきます。

「あの〜、すみませんが」あたりで、相手が耳をこちらに向けたり体を起こしたりして、聞く態勢を整える様子まで分かるかもしれません。

話し始めに頻繁に「あの〜」「え〜と」とつくと気になるので、話し方のトレーニングではノイズとして矯正対象となる口癖ですが、見方を変えると「ある種の効能」はある、ということですね。

07 相手に顔を向けて話すと「伝わる」

コンビニに入ったとき、「いらっしゃいませ」と聞こえる店員さんの声だけで、あなたのほうを向いて発せられたか、商品を並べている棚のほうを向いたまま発せられたかが分かったことはありませんか？

あなたの反応も自然に変わるでしょう。

顔を向けて発せられた「いらっしゃいませ」には、せめて会釈をせずにはいられない。棚のほうを向いたままの「いらっしゃいませ」は、むしろ反応するのが難しく、流してしまう。

前者がコミュニケーションになっているのに対して、後者は単なる音の垂れ流し。録音した音声を再生するのと変わりません。

なぜこんな違いがあるのでしょうか。

声の指向性のせいです。

声には指向性があって、顔を向けた方向に飛んでいきます。

だから、店に入ったときに品出し中の店員さんがこちらを向いて「いらっしゃいませ」と言った場合と、商品や棚のほうを見たまま同じセリフを言った場合とでは、聞こえ方が違うのです。

自分のほうを向いて話しているかどうかが、聞き手には分かります。

横向きでも後ろ向きでも、声は聞こえます。しかし、正面から届ける声は質的に違う。いいコミュニケーションをしたいなら、相手のほうに顔を向けて、正面から話しかけましょう。

相手のほうを向いたまま会話をするのが難しい場合でも、ここぞという大事な言葉は相手のほうを向いて発すると、心に届く言葉になります。

自分に向けられた「自分用」の声と、その他大勢にも向けられた「みんな用」の声では、天と地ほども「相手への影響力」が違うからです。

電車の中で困った場面で誰も助けてくれなかったという理由で「都会人は冷たい」などと言われることがありますが、名指しで相手を決めて目を見ながら「すみません、助けてください」と声をかければ、たいてい何かしらのアクションを起こしてくれます。

みんな用の声で「誰か助けてくださ～い！」と叫んでも、見ないふり聞こえないふりをされて素通りされてしまうのは、都会人が冷たいからではなく、「ターゲットを決めて声を届ける」という原則から外れてしまったからコミュニケーションになっていない、と解釈できます。

仕事の指示を出す場合も、「ちょっと誰か、手伝って」では誰もが反応を躊躇《ちゅうちょ》します。反応しづらい言い方をしておいて「誰も手伝おうとしない」と憤慨したり、「人望がないんだなあ」と落ち込んだりするのはバカバカしい。

名指しで「○○さん、ちょっとお願い」という言い方をすれば、やる気に満ちたすばらしい部下ばかりだと再認識できるでしょう。

自分用の声は、無視できません。街頭で募金をする機会があったら、その効果を確かめてみてください。

08

実は、表情で「声の質」まで変化する

ニコニコ笑いながら、できれば思い出し笑いで噴き出しそうになりながら、「こんにちは～」と言ってみてください。

どんな声になりましたか？

すごく明るい声でしょう。性格のよさそうな、付き合いやすそうな人に感じるでしょう、我ながら。

それでは、今度は口を尖らせて、すねた顔をしながら「ありがとう」。

無理やり言わされたような、「言えばいいんでしょ、言えば」とでも言いたげな声になったでしょう。

声は表情で変わります。なぜなら、表情筋が発声器官（共鳴腔）の形に影響して、声の色を変えるからです。

笑顔で怖い声は出せないのです。

「いや、そんな芸を見たことがあるぞ」

分かります。竹中直人さんですね。

俳優の竹中直人さんには「笑いながら怒る人」という芸があります。満面の笑顔で「なんだコノヤロー」と怒号を発するのが芸になる——つまり難しい——のは、通常なら表情と声が連動してしまうからです。

自分ではやわらかく明るい声を出しているつもりでも、表情が硬いと声も硬く、暗くなりがちです。

楽しい会話、気持ちいいスピーチをしたいなら、声と同時に表情にも気を配りましょう。

09

言葉は「投げる」のではなく、「手渡す」

言葉は投げてはいけません。

「会話はキャッチボール」と言われますが、文字どおりキャッチボールをイメージして言葉を「投げる」と、発声が雑になります。

特に文末の処理（フレーズの切り方）が乱暴になりやすく、声がブツッとぶっきらぼうに切れてしまいます。

投げるのではなく「大切なものを手渡しする」イメージを持って話すと、文末の声が丸く柔らかくなり、好印象を与える話し方になります。

ボールをイメージに使うトレーニングがあるので、試しに一緒にやってみましょうか。

５ｍぐらい離れたところにいる店員さんに「すみません」と呼びかけるとき、手にしたボールを投げつけるイメージで「すみません！」と声を出してみてください。

いかがですか。相手がビクッとするような、強くて鋭い声が出たでしょう。

次に、同じ距離にいる相手に、手にしたボールを手渡すイメージをします。

「５ｍ先の相手に手渡すって、どうやって？」

もっともな疑問ですね。つまり「腕を伸ばして」という意味です。イメージの中ですから、なんでもありです。腕がにゅ～っと伸びて相手のところまで届き、そこでボールを「はい」と手渡すイメージで、「すみません」と言います。

今度はいかがですか？　声量も十分でありながら、やわらかく心地よく、楽に受け取ってもらえそうな声になったでしょう。

喫茶店で店員さんを呼ぶ場面で、なんだか妙に強い声が出て、まわりのテーブルの人たちに振り向かれやすいなら、こんな簡単なイメージテクニックだけで、発声を改善することができます。

近距離でも遠距離でも使えるテクニックです。もちろん発声は技術ですから何度も練習をしないと安定しません。

狙った距離にいい声を届ける練習をたっぷりしておいて、本番に備えましょう。

10

「間」の効用——伝えるには理解してもらう時間が必要

「早口を直したい」というご相談はよくありますが、実際にはスピードよりも「間がない」(間抜け話法)ケースがほとんどです。

切れ目のない話し方は、実際以上に速く感じます。試しにこの本のどこでもいいので、句読点でいっさい間を置かずに、しかし必死に駆け足になることなく音読してみてください。妙に速く感じるでしょう。

なぜ間がないと速く感じるのか。聞き手にとって「理解が追いつかない」からです。

私たちの脳は、外部から言語情報を取り込み、理解しようとします。会話を成り立たせなければならないので脳内で非常に高速の処理がおこなわれてはいますが、それでも情報の取り込みだけで0・3秒、解釈するには0・45秒以上、多義語を含むなど複雑さによっては0・5秒以上という具合に、それぞれのプロセスに一定の時間を要します。

その時間を話し手に待っていてもらわないと、話の内容が理解できずに「ただ聞いている」だけになって退屈したり、やたらと早口に聞こえて聞き続けるのをあきらめたりしてしまう。

間はたんなる空白ではありません。聞き手に話を理解してもらうための時間です。

ということは、「相手によって適切な間の長さは異なる」ともいえます。プロが素人を相手に専門的な話をする場合、かなりの間を置きながら話さないと、ついてきてもらえません。

システムエンジニアがインターネットの接続について説明してくれたとき、私には相当な間が必要でした。相手のセリフを復唱までして、理解できたと感じると「あ、はい」と返事をする。また次のセリフを復唱してから、理解できたなら「あ、はい」、分からなかったら

「う〜ん、ちょっと分からないですね〜」と易しい言い換えを求めたりしながら会話を進めるのですから、プロである相手にとってはなんとももたついた、間というより停止の多い会話になってしまいました。

こちらにシステムに詳しい者がいれば代わってもらって、もっとテンポよく話ができたでしょう。

つまりは、そういうことなんですよね。間の長さは話し手が好きなように決めるものではなく、聞き手によって決まる。

ところが、話し手は話の内容を十分に分かっているので、「理解するための時間」は不要で、つい間を取らずにしゃべりがちです。相手本位になりにくいわけです。

意識的に間を取って、相手の理解を待ちましょう。相づちや表情などの情報から、聞き手が話を理解してついてきているかどうかを判断しながら、「気持ち長め」の間を置きながら話すと安心です。

11 日本人に多い「文末を飲み込む」というやってはいけない話し方

「それはちょっとどうかと……」

「どちらかと言えば、まあ」

「あ、そっちでも私は、はい」


こんな台詞を口にしたことはありませんか？

それぞれ、明確に言い切るとしたら、

「本音を言えば反対です」

「こっちのほうが好き」

「そちらでも結構です。特にこだわりはありません」

といった具合になるでしょうか。

先日は「いかがなものか」という表現についての批判が新聞で取り上げられていました。「いかがなものか」で文章を書き終えるのは、立場や意見を明確にしない、無責任な書き方だという。

「いかがなものか」が賛意を示すわけはありませんが、明確な反対もしていない。というより、反対であることは明確でありながら、論拠を示したり発言の責任を負ったりする気はない。自分は安全な場所にいながらヤジを飛ばしている感覚です。

日本人は曖昧な表現を好み、明確な言い切りを避ける傾向がありますが、**安心感と信頼を感じさせるには、曖昧に文末をごまかさないほうがいいでしょう。**

これは、文末で肯定・否定や時制を確定する日本語には特に必要な話し方です。

曖昧な話し方では、せっかくの言葉のパワーがうまく発揮されません。

「私もその通りだと」で止めるような話し方は、本来の文末表現（です、ます）ではない箇所で切ることになるため、文末に至る前で「失速」する発声になります。

逆にわざと「その通りだと」を最後までしっかり発声すると、おかしな感じになるでしょう。「通り」あたりで弱めて文末が消えていくように発声すると、自然な感じに聞こえます。

つまり、「なんとなく弱まって消えていく」話し方をすることになり、そのせいで言葉の力が弱まってしまうのです。

「察してもらう」文化に甘えていては、言葉のパワーを積極的に使いこなせません。同じ文化の中にいても存在感を強め、いい人間関係を築き、安心感と信頼を得るのは、思考を言葉で明確に表すタイプの人たちなのですから。

「確信を持って文末まで言い切る」つもりで話すと、文末までしっかりした声が続きます。

話し方に力を宿したいなら、文末までしっかり言い切りましょう。

12

人の感情は声という「音」で揺さぶられる

音は人の感情を揺さぶります。音の専門家によると、映画が観客に与える感動には、音楽がきわめて大きな役割を果たしているのだそうです。ゾクゾクする感動が込み上げるアノ場面も、音を消して観ると白々しいのだとか。

確かに、分かる気がします。映画『ロッキー』のクライマックスも、あの名曲が始まった瞬間に感動が頂点に達して涙腺がぶわっと緩むわけです。私など最初の4音だけでぶわっですよ。

ところが、音を消して見ても、顔をぼこぼこに腫らしたオジサンが何やら大騒ぎしている危ないシーンにしか見えない。

――という話を講座で取り上げても「はあ、そうなんですか」とピンとこない反応をされる日が増えたのは、私には馴染みのある映画を見たことのない世代へと交代が進んでいるからでしょうか。ちょっぴり寂しい。

意味を伝えるだけなら、文字で十分。しかし、感情を揺さぶり、行動を起こさせるには、声の力が必要です。メールのやり取りでギクシャクしたら、会って話をしましょう。声ならあなたの素直な気持ちが伝わります。

「声」の力を現代人はもう一度見直したほうがいい、と私は強く思っています。もしかしたら、最近やけに声優が話題に上るのは、一部の方が「声の力」を再認識している現象なのかもしれないと期待しています。

言葉はたいへん優れた道具なので、わずかなインクの染みで知的意味を相手に伝えることができます。インクすら使わなくてもいい。メールなら作成も編集も削除も簡単です。

しかし、言葉が文字から音声になり、声に乗って空気を震わせ、相手の鼓膜を震わせたとき、初めて真の存在となります。

声の存在感は、すごいものです。「目に見えない、捉えどころのないもの」ではありません。手渡しされたボールと同じように、物質的な存在感や重量感があります。

「声を相手に届ける」実験をすると、声を受け取った体験を「声が目に見えました」「文字が見えました」とみなさん表現してくれます。

最近は直接のコミュニケーションが軽んじられる傾向にあり、「メールで済ませて何が悪い」「お互いに時間の節約にもなるのだから、みんなにとって好都合」「会ったり電話で話したりするのは時代遅れ」のような風潮もあるそうです。

しかし、「大事なことは会って話さなければ失礼」と口うるさく語る人ほど、声の力を感じ取る能力が高いのかもしれません。

メールで「おはようございます」という文字を見るのと、声で直接「おはようございます」と挨拶されるのでは、伝わるメッセージがまったく違います。

含まれる情報量も桁違い、次元の異なる体験です。

「これだけは伝えたい」という大事なメッセージは、会って声で伝えましょう。

13 「声に出す」ということの本当の力とは

発する言葉も、声に影響します。「気持ちいい」「好き」といった肯定的な言葉を発しているとき、意識しなくても自然に声が明るく、やわらかくなります。

「嫌い」「納得いかない」「許せない」といった否定的な言葉を発しているときは、本人にはそんなつもりがないのに、鋭く、近寄りがたい声になっています。

遊びに行く相談をしているときは、声が明るく、響きも力強い。

愚痴っぽくなっているときは、声も響きが落ちて暗くなります。

愚痴悪口はなんのプラスにもなりません。文句を言うのではなく、「自分が何をしたら、状況を少しでも改善できるか」と考える癖をつけると、声に力が宿り、場をポジティブにする声が出ます。

昔の人は「言霊《ことだま》」と言いました。言葉には霊力が宿り、発せられた言葉の内容どおりの状態を実現する力がある、というのです。

霊力については知りませんが、**「言葉が持つ「言葉の内容どおりの状態を実現する力」については、決して超自然的な不可思議な力ではなく、心理学的にも正しいきわめて科学的な事実といえます。**

「いやあ無理、無理」が口癖の人は、言葉のとおりに「できない」状態になりやすい。「よし、やってみよう」が口癖の人と比べて、まあ統計が取られているわけではありませんが、「成功率」には明らかな差があると誰でも体験的に分かるでしょう。

特に他人が関わる仕事や活動では、言霊のパワーに影響を受けやすい。なにより「言葉は意識の入力装置」であり、「人は言葉に影響される」からです。

「いやあ無理、無理」「できるわけないって」「あきらめたほうがいいよ。人間あきらめが肝心って言うじゃない」「どうせ失敗すると思うけどね」が口癖の人と一緒にチームを組んで仕事をしたら、どんなにやる気に満ちたあなただって、だんだんイヤになっていきそうでしょう?

今回の結果がどうであれ、「次回のプロジェクトでも一緒に組みたい」とは思わないでしょう。

そうやって、だんだん人が離れていき、応援されなくなっていくのが、言霊のマイナス影響です。

だから、逆のプラス影響をもらえるような言葉を口癖にしましょう。

「大丈夫」「絶対できますよ」「がんばりましょう。ここは私に任せてください」「楽しいですね」といった言葉を頻繁に口にする人がチームにいたら、どうですか？

今回の結果がどうであれ、「次回のプロジェクトでも一緒に組みたい」と思うでしょう。

使う言葉によって、人にも恵まれ、応援されやすくなり、「やることなすこと、うまくいく」人になっていきます。

言葉のパワー――つまり言霊――を強めるコツは、「声に出す」こと。

「大丈夫」「絶対できますよ」「がんばりましょう。ここは私に任せてください」「楽しいですね」といったプラスイメージの言葉を発すると、意識しなくても、自然にいい響きが乗り、声が力を帯びます。

声に力を宿らせるには、前向きでプラスイメージの言葉を多用しましょう。

おわりに――「声」は人生を豊かにする最高のパートナー

「寿司屋のカウンターで注文の声を出すのが苦手」と話していた方がいました。

「はいよっ!」「中トロっ!」と威勢のいい声が飛び交っているところで、ぼんやりした声を出しても通らないし、がんばって張り上げても場違いな声になって、妙に気恥ずかしい。

実は私も、「ハマチお待ちっ!」みたいにダジャレ混じりで盛り上げてくれる店より、静かに淡々と「スズキのいいのが入りましたので、握りましょうか」と話しかけてくれる店のほうが居心地がよかったりしますから、気持ちはよく分かります。

最近はパネルで注文する寿司屋がウケているそうで、食べたいものをいちいち声で伝えるシステムに苦手意識のある方は少なくないのかもしれませんね。

「スタバもパネル注文になればいいのに」と言っていた方もいました。「なんとかフラペチーノとかグランデとか、言える気がしない」と。

いやいや、十分言えていますよ。ちなみに私は、「ほうじ茶のトールサイズをマグカップで」とお願いします。というより、ほかに言えない。

コミュニケーションの基本は、声です。

言語も、文字より音声が先です。文字を持たない言語はたくさんありますが、「文字はあっても声に出せない」言語は存在しません。特殊な目的のために作った人工言語や、言語障害が関係しているようなケースは別として、私たちが知っている日本語やイタリア語や中国語といった自然言語は、必ず声に出せます。

言葉は、本来、声に出すものなのです。

その声に自信が持てないせいで、人との会話やコミュニケーションに自信が持てないのでは、もったいない。

声に自信が持てると、話し方が変わります。

自分の声が「必ず届く」と確信が持てれば、声を出す勇気が持てます。

「無視されて流されても気まずくならないように」などと保険をかけて、「独り言をつぶやくような調子で話しかける」ようにしていた人が、真っ向からコミュニケーションを仕掛けることができるようになります。

今までは「相手が乗ってきたら、ちゃんと話す」ような腰の引けたコミュニケーションだったのが、自分から堂々と話しかけて、相手の反応によって適切な反応を返し、しかも心地よさを残してコミュニケーションを終えるような、「大人の話し方」になります。

なにより、第一声を「無視されない」「流されない」と確信しているから、自信を持って挨拶をすることができる。

充実したいい声で挨拶をするだけで、人間関係は改善します。

本来、私たちは人とのコミュニケーションにある程度のストレスを感じ、ある程度の警戒心を抱くようにできています。

そうやって慎重にほかの個体との調整をしながら生き残ってきたわけです。

だからこそ、コミュニケーション能力が高いと他者との関係を適切に築き、自分も心地よく過ごし、日々の満足度が高まります。

仕事で成功したいなら、プライベートを充実させたいなら、人生を豊かに生きたいなら、「声」を変えましょう。

著者エージェント▼アップルシード・エージェンシー
帯イラスト▼小幡彩貴
本文デザイン&DTP▼伊延梓・佐藤純（アスラン編集スタジオ）
本文イラスト▼田渕正敏
音声収録・編集▼フェルモンド

著者紹介

齋藤匡章（さいとう　まさあき）
言語戦略研究所所長。発声診断士。新潟大学人文学部で言語学を専攻し、同大学院で心理学と言語学の境界にある心理言語学を研究。言葉（発声）と人間心理の関係を専門とする。「音色塾」主任講師。1996年、言葉を重視して人間心理を扱うカウンセラーとして都内で開業。企業や官公庁、個人向けにビジネスと人間関係を成功させる発声法と言葉の活用法について指導。2007年には新潟県新潟市古町地区に紅茶サロン「メイフェア」をオープン。全国からボイストレーナーの志望者が集まって学ぶ場となっている。

内向型人間《ないこうがたにんげん》が
声《こえ》と話《はな》し方《かた》でソンしない本《ほん》

2016年12月5日　第1刷

著　　者　齋《さい》藤《とう》匡《まさ》章《あき》
発 行 者　小澤源太郎

責任編集　株式会社 プライム涌光
電話　編集部　03(3203)2850

発 行 所　株式会社 青春出版社
東京都新宿区若松町12番1号 〒162-0056
振替番号　00190-7-98602
電話　営業部　03(3207)1916

印　刷　中央精版印刷　　製　本　大口製本

万一、落丁、乱丁がありました節は、お取りかえします。
ISBN978-4-413-23017-9 C0034